C.H.BECK ■ WISSEN

in der Beck'schen Reihe

Hannibal „zeigte Kühnheit in höchstem Grade und Besonnenheit. Hitze und Kälte ertrug er gleich gut, die Menge seiner
Speisen und Getränke wurde vom natürlichen Bedürfnis, nicht
von der Genußsucht bestimmt. Seine Kleidung hob sich von
der seinesgleichen keineswegs ab. Er war der beste Soldat zu
Pferd und auch zu Fuß. Diesen so großen Tugenden hielten
übergroße Laster die Waage: eine unmenschliche Grausamkeit, eine mehr als punische Unredlichkeit; ihn band keine
Götterfurcht, kein Eid, keine fromme Gewissenhaftigkeit"
(Livius XXI 4).

Was wir von Hannibal wirklich wissen und welche Bedeutung er für Rom und Karthago hatte, wird in dieser Biographie informativ und spannend dargestellt.

Pedro Barceló ist Professor für Alte Geschichte an der Univer-
sität Potsdam, Schwerpunkte seiner Forschungstätigkeit bilden
die Geschichte Karthagos und des römisch-iberischen Raumes.

Pedro Barceló

HANNIBAL

Verlag C.H.Beck

Mit 4 Abbildungen und 8 Karten

Alle Karten von Gertrud Seidensticker
Abbildungsnachweis:
S. 16 Photo Christophe Walter, © Paris-Musées, 1997
S. 87 © Musée de Beaux-Arts de Lyon

Die erste Auflage dieses Buches erschien 1998.

Zweite, überarbeitete Auflage. 2003

Originalausgabe
© Verlag C.H. Beck oHG, München 1998
Gesamtherstellung: Druckerei C.H. Beck, Nördlingen
Umschlagmotiv: Sogenannte Hannibal-Portraitbüste, Museo Nazionale
Archeologico, Neapel, © Archiv für Kunst und Geschichte, Berlin
Umschlagentwurf: Uwe Göbel, München
Printed in Germany
ISBN 3 406 43292 1

www.beck.de

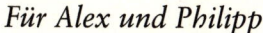
Für Alex und Philipp

Inhalt

Vorwort

Hannibal (punisch Hnbʻl: Geliebter des Baal), der berühmteste Karthager aller Zeiten, teilt mit seiner Heimatstadt neben uneingeschränkter Bewunderung auch einen zweifelhaften Ruf. Fast alles, was wir über beide in Erfahrung bringen können, stammt aus der Feder der Gegner. Dies bedeutet, daß das Herausragende, was beide leisteten, zwar vermerkt, gleichzeitig jedoch mit einem kritischen, oft gar negativen Unterton versehen wird. Das von Livius überlieferte Kurzportrait Hannibals kann dies gut verdeutlichen; dort heißt es über ihn:

„Er zeigte Kühnheit in höchstem Grade und Besonnenheit. Hitze und Kälte ertrug er gleich gut, die Menge seiner Speisen und Getränke wurde vom natürlichen Bedürfnis, nicht von der Genußsucht bestimmt. Seine Kleidung hob sich von der seinesgleichen keineswegs ab. Er war der beste Soldat zu Pferd und auch zu Fuß. Diesen so großen Tugenden hielten übergroße Laster die Waage: eine unmenschliche Grausamkeit, eine mehr als punische Unredlichkeit; ihn band keine Götterfurcht, kein Eid, keine fromme Gewissenhaftigkeit" (Livius XXI 4).

Deutlich zurückhaltender fällt die Würdigung des griechischen Historikers Polybios aus, wenn er diesbezüglich zusammenfaßt: „Es ist schwer, ein Urteil über Hannibals Charakter abzugeben, wegen des Einflusses der Freunde und wegen der Macht der Umstände" (Polybios IX 25).

Doch jenseits der ihm zuteil gewordenen Bewertung, die im Positiven wie im Negativen häufig Extrempositionen bezieht, bleibt als Tatsache festzuhalten, daß Hannibal schon immer die antiken Historiker im besonderen Maße beschäftigt, teils sogar fasziniert hat. Silenos, Sosylos, Fabius Pictor, Polybios, Livius, Diodor, Cornelius Nepos, Silius Italicus, Pompeius Trogus, Appian, Cassius Dio und andere haben sich mit seiner Biographie auseinandergesetzt. Zwar sind die Werke der Zeitgenossen bis auf wenige Fragmente verlorengegangen, was im Falle des Silenos und Sosylos äußerst bedauerlich ist, schrieben sie doch eine Chronik der Ereignisse aus karthagischer Perspektive. Dennoch erlaubt uns die Zusammenschau der erhaltenen Autoren eine einigermaßen zufriedenstellende historische Rekonstruktion der Abläufe, die durch die nicht alltägliche Persönlichkeit Hannibals geprägt wurden.

Allerdings bleibt uns seine Privatsphäre weitgehend verborgen. Wie er als Mensch war, darüber wissen wir so gut wie nichts. Es sind keine direkten Äußerungen von ihm bekannt, die genaue Rückschlüsse auf Charakter, Intellekt oder Temperament ermöglichen könnten. Polybios und Livius haben uns zwar eine Reihe von Reden des Hannibal überliefert. Die Inhalte dieser Ansprachen können jedoch nicht wörtlich genommen werden, da sie als literarische Stilmittel eingesetzt wurden, um Spannung und bessere Lesbarkeit dieser Werke zu erzeugen. Unsere antiken Autoren haben sie komponiert, um die Dramaturgie der Handlung zu steigern. Darüber hinaus galten sie als ein bewährtes Mittel, um bestimmte Eigenschaften einer herausragenden Persönlichkeit zu betonen.

Das Außergewöhnliche an Hannibals Lebensweg zeigt sich bereits darin, daß er das erste Individuum des Altertums war, das nach und nach an allen Brennpunkten der Mittelmeerwelt maßgeblich gewirkt hat. Schon als Kind verschlug es ihn in den fernen Westen, wo er zum Manne reifte, und nachdem er diese bis dato abseits liegenden Gebiete als Machtbasis aktivierte, brach er auf, um Weltgeschichte zu gestalten. Im Zentrum der damaligen Welt angekommen, wird er es ein halbes Leben lang in Atem halten, die römische Weltmacht paralysieren und sie vor eine fast unlösbare Aufgabe stellen. In seiner letzten Lebensphase wird die Magie seines Namens noch einmal im Osten der Mittelmeerregion für Furore sorgen und die Herren der Welt erneut das Fürchten lehren.

Betrachten wir seinen Werdegang und die dabei entfalteten fieberhaften Aktivitäten, so fällt als erstes auf, daß er überall dort, wo er wirkte, stets im Mittelpunkt des Geschehens stand. Sein persönlicher Anteil an den politischen und militärischen Ereignissen, die das Gesicht seiner Zeit veränderten, war überdurchschnittlich hoch. In diesem Punkt gibt es bei

Bewunderern und Gegnern keinen Dissens. Seine Energie, Begabung und vielfältigen Fähigkeiten, von denen die militärischen besonders herausstachen, werden von allen anerkannt.

Schwieriger gestaltet sich seine Beurteilung vor allem dann, wenn wir auf spärliche und überdies stereotype Notizen unserer antiken Autoren angewiesen sind, die ohnehin die Darstellung von Hannibals Taten mit antikarthagischen Affekten vermengen. Hier kann nur eine von Fall zu Fall vorzunehmende quellenkritische Überprüfung strittige Sachverhalte klären helfen.

Den Zusammenhang zwischen den Lebensstationen Hannibals, die mit den wesentlichen Ereignissen und Entwicklungen seiner Epoche eng verwoben sind, und dem von den antiken Autoren oft verformten Protagonismus gilt es zu berücksichtigen. Es geht darum, Hannibals Anteil daran zu ermitteln, um sein historisches Profil zu zeichnen. Er soll aus seinem zeitgenössischen Umfeld heraus, unter Vermeidung nachträglicher Projektionen, verstanden und gewürdigt werden. Gleichzeitig ist das Augenmerk auf die zwei Pole, die Hannibals Biographie bestimmen, zu richten: Karthago und Rom. Einige Einblicke in die Geschichte beider Städte zur Zeit Hannibals zu vermitteln, ist zwangsläufig das Anliegen einer jeden Hannibal-Biographie.

Wie alle kurzgefaßten Darstellungen steht auch diese vor der Schwierigkeit, den Spannungsbogen zwischen Hauptlinien, die für die Verfolgung übergreifender historischer Zusammenhänge wichtig sind, und Details, aus denen individuelle Aspekte sowie örtlich und zeitlich begrenzte Tatsachen sichtbar werden, miteinander in Einklang zu bringen. Daß dies auf Kosten einer erschöpfenden, die ganze Komplexität des Themas berücksichtigenden Abhandlung gehen muß, ist wohl unvermeidbar.

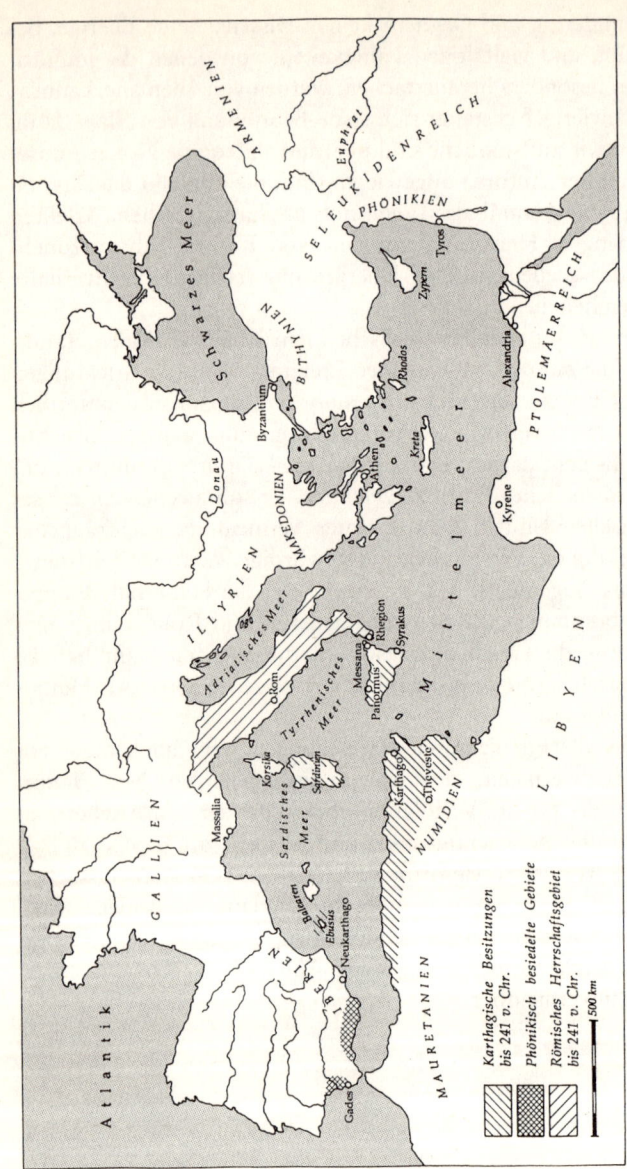

Karthago und Rom im 3. Jahrhundert v. Chr.

Karthagische Besitzungen
bis 241 v. Chr.

Phönikisch besiedelte Gebiete

Römisches Herrschaftsgebiet
bis 241 v. Chr.

500 km

I. Aufgewachsen in einer bedrohten Stadt

Als Hannibal mitten im 1. römisch-karthagischen Krieg (247 v. Chr.) in Karthago als ältester von drei Brüdern und mehreren Schwestern zur Welt kam (der Name seiner Mutter ist unbekannt), stand der seit fast zwei Jahrzehnten andauernde Konflikt für seine Landsleute nicht zum besten. Zwar war der Versuch des römischen Consuls Marcus Atilius Regulus, die Entscheidung in Nordafrika zu erzwingen (255 v. Chr.), gescheitert, der Kampfwille der Römer aber ungebrochen. Die Karthager verhielten sich in Sizilien, dem Hauptschauplatz des Krieges, erstaunlich passiv, traten jedoch um so energischer in Numidien auf, wo es ihnen gelang, ihr Territorium bis nach Theveste (heute Tébessa an der tunesisch-algerischen Grenze) zu erweitern. Als die Römer ihre kriegerischen Aktivitäten auf Sizilien verstärkten, betrauten die Karthager Hannibals Vater, Hamilkar (punisch Ḥmlk: Knecht des Melkart), mit dem Kommando über die Flotte. Doch im Kampf gegen Rom mußte Hamilkar erleben, wie alle seine Bemühungen im Seekrieg gegen die italische Küste und im Landkrieg in Sizilien, den er wohlgemerkt ungeschlagen überstand, nichts am Ergebnis ändern konnten: Karthago hatte sich vor den übermächtigen Römern zu beugen.

Hamilkar, Sohn des Hannibal (der Großvater hieß wie der berühmte Enkel), mit dem Beinamen Barkas (der Blitz), stammte aus einer vornehmen karthagischen Familie, deren Ursprünge im dunkeln liegen. Mit Hamilkars militärischem Aufstieg gelang ihr der politische Durchbruch bis an die Spitze des karthagischen Staates. Das Barkidenhaus war zur Sicherung und Ausweitung seines politischen Einflusses eine Reihe von Ehebündnissen mit führenden karthagischen und numidischen Geschlechtern eingegangen. Hasdrubal, Hannibals Amtsvorgänger in Hispanien, war sein Schwager; Hanno, Sohn des Bomilkar, einer der bedeutendsten karthagischen Feldherren im 2. römisch-karthagischen Krieg, war Hannibals Neffe, und dessen Schwester war mit dem numidischen Fürsten Naravas verheiratet. Doch trotz der Vermischung mit Menschen aus anderen Kulturkreisen blieb die karthagische Identität unangetastet.

Die Bewohner Karthagos waren stolz darauf, Bürger einer alten und ehrwürdigen Stadt zu sein, die einst (8. Jh. v. Chr.) von dem phönikischen Tyros gegründet worden war. Jahrhundertelang hatte sie es vermocht, weiten Bereichen der damaligen Welt ihren Stempel aufzudrücken. Zahlreiche Völker auf Sardinien, Sizilien, den Balearen und in Nordafrika hatten ihre Vorherrschaft erdulden müssen. Viele Handelskontore zwischen Gades (heute Cádiz) und Athen, zwischen Massalia (heute Marseille) und Kyrene zeugten von der überragenden wirtschaftlichen Bedeutung der nordafrikanischen Metropole. Ähnlich wie das Haus der Barkiden waren andere Familien der karthagischen Oberschicht in einem engen verwandtschaftlichen Beziehungsgeflecht mit den führenden griechischen Familien Siziliens und den prominenten numidischen Geschlechtern Nordafrikas verbunden, was die politische Stabilität innerhalb des karthagischen Machtbereiches erhöhte.

Das Meer war Karthagos Element und die Flotte seine Lebensader. Auf diesem Wege gelangten Menschen, Güter und Ideen rasch von weit entfernten Orten nach Karthago, das sich stets als ein Mittelpunkt der zivilisierten Welt verstand. Hier wurden Rohstoffe zu Fertigwaren verarbeitet, die umliegenden Territorien planvoll für die landwirtschaftliche Nutzung erschlossen. Die karthagischen Anbaumethoden waren so fortschrittlich, daß selbst die im römischen Bauernvolk verbreiteten Agrartraktate auf karthagische Vorbilder zurückgingen. In der Stadt gingen Kaufleute, Ingenieure, Gelehrte und Abenteurer aus aller Herren Länder ein und aus. Hier fanden die neuesten Errungenschaften aus der Welt der Kunst, Architektur und Technik rege Aufmerksamkeit.

Der maritime Charakter der Stadt hatte ihre Öffnung nach allen Seiten hin begünstigt. So gelang es der griechischen Bildung, lange bevor sie in Rom Wurzeln schlagen konnte, in Karthago eine Heimat zu finden. Die Rezeption der neuesten Entwicklungen aus allen Bereichen der Wissenschaft gab der

Stadt einen Vorsprung gegenüber ihren Nachbarn. Namhafte griechische Intellektuelle des 4. Jhs. v. Chr. lobten das politische System der Karthager und sahen in ihm eine geglückte Mischung aus Augenmaß und Erfolg. Kein Geringerer als Aristoteles kann dies bestätigen, wenn er die Vorzüge der karthagischen Verfassung herausstellt und sie in einem Atemzug mit Sparta nennt (Aristoteles, Politik II 11, 1272 b). Ähnlich wie Rom besaß Karthago ein aristokratisch geprägtes, republikanisch verfaßtes Gemeinwesen, das auf das Zusammenwirken der unterschiedlichen Organe (Volksversammlung, Rat, Amtsträger) angelegt war. Doch bei der politischen Entscheidungsfindung blieb die Dominanz der führenden Familien unverkennbar.

Es verwundert nicht, daß Karthago schon früh ein Anziehungspunkt für Händler, Künstler und Handwerker aus aller Welt geworden war. Dazu kamen Söldner aus Griechenland, Italien, Gallien, Hispanien und Nordafrika, die das Leben in dieser Stadt entscheidend mitprägten. Denn zur Aufrechterhaltung der mittlerweile erworbenen Machtposition war Karthago, angesichts seines beschränkten Bevölkerungspotentials, bei militärischen Auseinandersetzungen dazu übergegangen, Bürgermilizen durch Söldner zu ersetzen, womit ein Teil der Kriegführung in fremden Händen lag. Doch trotz der vielfältigen Einflüsse von außen vermochte Karthago seinen punischen Charakter zu bewahren. Man übernahm bereitwillig fremde Elemente, paßte sie den eigenen Notwendigkeiten an, hielt aber ansonsten an altbewährten Traditionen fest. Dies betraf die Gestaltung der staatlichen Institutionen, der Militärverfassung, des Wirtschaftssystems und vor allem der Religionsvorschriften. In gewisser Weise spiegelt sich der aktuelle zivilisatorische Zustand Karthagos in der Biographie Hannibals wider. Er war, wie noch zu zeigen sein wird, einerseits vielsprachig, griechisch gebildet und technischen Neuerungen sehr aufgeschlossen, andererseits erscheint er stets dem politischen Sittenkodex der Heimat eng verbunden und voller Ehrfurcht gegenüber der karthagischen Religion.

Diese herausragende, beneidete, respektierte und angefeindete Stadt war nun nach einem über zwanzig Jahre währenden,

Bild einer
karthagischen Priesterin

zermürbenden Krieg mit Rom (264–241 v. Chr.) an einem Wendepunkt angelangt. Das politische und ökonomische Leben war nahezu gelähmt. Bedrückt von den harten Bedingungen des mit Rom abgeschlossenen Friedensvertrages (Lutatius-Vertrag), die den Verlust der Seeherrschaft und Siziliens bedeuteten, hatte Karthago mit den Kriegsfolgen zu kämpfen und mußte obendrein die nun zurückkehrenden Söldner versorgen. Kein Wunder, daß die Stimmung in der Bürgerschaft gereizt war. Auf der Suche nach den Verantwortlichen für den erlittenen Mißerfolg waren schnell Vorwürfe erhoben. Man mußte die Niederlage ertragen lernen, was für die erfolggewohnten Karthager nicht leicht war. Noch während des Krieges mit Rom hatte der Stratege Hanno den Machtbereich der Stadt nach Süden ausgedehnt (247 v. Chr.). Die Brisanz der gegenwärtigen Lage verlieh diesem Feldzug eine besondere Sprengkraft: Lag die weitere Zukunft Karthagos in Nordafrika?

Doch diese Frage mußte zunächst zurückstehen, denn es gab dringendere Probleme zu bewältigen. Ein Zwischenfall löste die Katastrophe aus. Die am Ende des römisch-karthagischen Krieges (241 v. Chr.) aus Sizilien nach Nordafrika verfrachteten karthagischen Söldner verlangten die ihnen zustehenden Soldzahlungen, und die Behörden versuchten, ihnen mit Hinweis auf die angeschlagenen Staatsfinanzen einen Teil abzuhandeln. Der Augenblick für ein derartiges Taktieren konnte nicht ungünstiger sein. In der allgemeinen Irritation entbrannte ein Streit, der den Konflikt eskalieren ließ. Die aufgebrachten Söldner revoltierten gegen ihre Auftraggeber, verbanden sich mit einigen unzufriedenen und von Karthago unterdrückten nordafrikanischen Völkern und eröffneten die Feindseligkeiten. Eine Fehlreaktion löste die andere ab. Aus einer lokalen Empörung war ein Flächenbrand entstanden. Der gerade zu Ende gegangene römisch-karthagische Krieg fand im libyschen (oder Söldner-) Krieg (241–238 v. Chr.) eine Fortsetzung.

Hannibal war als Kind Zeuge dieser Ereignisse, die ihn um so mehr betrafen, als er erlebte, wie sein Vater, gerade aus

Sizilien heimgekehrt, mit der Kriegführung gegen die aufgebrachte Soldateska beauftragt wurde. Wenige militärische Auseinandersetzungen sind, wie der griechische Historiker Polybios betont, mit so viel Härte und Grausamkeit geführt worden wie diese vor der kindlichen Wahrnehmung Hannibals sich abspielende Tragödie, die Karthago an den Rand des Abgrunds trieb (Polybios I 65–88). Die Stadt focht um die nackte Existenz. Niemals zuvor hatte man vor einer derartigen Bedrohung gestanden. Möglicherweise hat die bedrückende Erfahrung des Krieges ‚vor der eigenen Haustür‘ für das weitere Schicksal Hannibals eine ausschlaggebende Rolle gespielt. Es ist denkbar, daß die später verwirklichte Idee, den Krieg gegen Rom auf italischem Boden auszutragen, von diesen Kindheitserlebnissen beeinflußt wurde.

Doch damit nicht genug. Mitten in dieser Krise des karthagischen Staates, als der Söldnerkrieg erbarmungslos tobte und das Ergebnis ungewiß blieb, trat Rom auf den Plan. Hatte es bereits im Friedensdiktat des Jahres 241 v. Chr. Karthago seine Führungsposition im Konzert der mittelmeerischen Mächte streitig gemacht, so nutzte Rom nun diese für Karthago verzweifelte Lage aus, um weitere territoriale Ansprüche durchzusetzen. Es setzte sich kleinherzig und unter nichtigen Vorwänden in den Besitz des karthagischen Sardiniens, eine Tat, die alle Karthager mit ohnmächtiger Empörung erfüllte. Damit engte Rom die ohnehin reduzierten Entfaltungsmöglichkeiten Karthagos weiter ein. Diese rasche Abfolge von Hiobsbotschaften in einer schnell sich wandelnden Welt zwang Karthago zur Behauptung und Anpassung an die neuen Verhältnisse. Für Alternativen blieb zunächst wenig Raum.

Alle Karthager, der Knabe Hannibal eingeschlossen, fühlten sich für die Zukunft einem raffgierigen und unerbittlichen Konkurrenten ausgeliefert, vor dem man auf der Hut sein mußte. Aufschlußreich in diesem Zusammenhang ist eine Bemerkung von Plutarch, der in seiner Lebensbeschreibung des römischen Feldherrn und späteren Hannibalgegners Marcus Claudius Marcellus folgende Außeneinschätzung der Römer bietet: „Bisher [d.h. vor der Zeit des Marcellus] standen die

Römer bei fremden Völkern nur in dem Rufe, daß sie sich auf das Kriegshandwerk gut verstünden und im Nahkampf furchtbare Gegner seien, aber von Schonung, Menschenliebe und überhaupt von politischer Tugend hatten sie noch niemals Beweise gegeben" (Plutarch, Leben des Marcellus 20).

Nach einigen Rückschlägen gelang es schließlich, nicht zuletzt dank der entschlossenen Kriegführung des Hamilkar (238 v. Chr.), die meuternden Söldner in die Schranken zu weisen. Ein Gefühl der Erleichterung machte sich breit. Zwar war die unmittelbare Gefahr gebannt, aber ganz sicher fühlte man sich dennoch nicht. Es galt daher Vorsorge zu treffen, um eine Wiederholung der gerade überstandenen traumatischen Bedrohung zu verhindern. Die politische Initiative lag damals in den Händen zweier Männer, deren Namen für unterschiedliche politische Programme standen: Hanno und Hamilkar.

Die Option, für die Hanno eintrat, sah die Konzentration der verbliebenen Kräfte auf den gezielten Ausbau der karthagischen Machtposition in Nordafrika unter Verzicht auf überseeische Kolonialunternehmungen vor. Diese den grundbesitzenden Schichten sicherlich entgegenkommende Perspektive hätte im Falle eines Erfolges eine beträchtliche Ausweitung der landwirtschaftlichen Ressourcen gebracht, wäre aber nur nach der Eroberung großer Teile Libyens und der Ausbeutung ihrer Bewohner zu verwirklichen gewesen. Möglicherweise hemmte die noch frische Erinnerung an den libyschen Krieg diesen Plan, der eine Vergrößerung der Aufstandsgefahr bedeutet hätte. Das Vorbild eines auf Afrika konzentrierten Reiches bot das Staatswesen der Ptolemäer in Ägypten, das durch die Ausschöpfung der natürlichen Ressourcen des Landes der dortigen Führungsschicht einen sagenhaften Reichtum bescherte.

Die entscheidende Alternative zu diesem Plan, die Hamilkar vertrat, war die Anknüpfung an die überseeische Tradition der Stadt. Die von den Römern auferlegten Tribute mußten geleistet werden, was durch den Ausfall der Einnahmen aus Sizilien und Sardinien erschwert wurde. Der Verlust dieser Gebiete verlangte nach einem Ersatz, der die für die karthagische Wirtschaft benötigten Rohstoffe liefern und gleichzeitig den Aufbau einer neuen Basis für einen mittelmeerumspannenden Handel ermöglichen sollte, wozu sich das afrikanische Umland Karthagos kaum eignete. Hamilkars Blick richtete sich folglich auf die Erwerbung eines neuen, ertragreicheren Territoriums.

Die Iberische Halbinsel erfüllte diese Bedingungen. Dort gab es Rohstoffe (wie etwa Holz, Wolle, Getreide etc.), besonders Metalle (Blei, Silber, Eisen, Zinn) in ausreichender Menge, und das Land war ein bewährtes Rekrutierungsreservoir für die stets benötigten Söldner, die das Rückgrat jedweder karthagischen Machtpolitik bildeten. Für Hamilkars Plan sprach auch, daß sich auf hispanischem Boden eine Reihe phönikischer Niederlassungen befand, die man als Verbündete zu gewinnen hoffte, allen voran Gades. Ferner war Rom ohne jeden Einfluß in dieser Region. Die gallischen Völker Oberitaliens, die Provinzialisierung Siziliens und Sardiniens, aber auch der illyrische Raum beanspruchten damals die volle Aufmerksamkeit der Römer. Sie werden zwar ein karthagisches Engagement in Hispanien nicht gerade begrüßt, aber auch als nicht besonders störend empfunden haben. Denn schon die große Entfernung des südhispanischen Raumes von den damaligen römischen Aktivitäten ließ keinerlei Eingriffe befürchten. Doch diese Rechnung, so plausibel sie aus damaliger karthagischer Sicht erscheinen mag, hatten die Karthager ohne die Römer gemacht, und dies sollte sich bald bitter rächen.

Ausgestattet mit der Strategie (militärisches Oberkommando) über Libyen traf Hamilkar alle Vorbereitungen für die Durchführung einer Kolonialexpedition nach Hispanien. Das vorwiegend aus fremden Söldnern bestehende karthagische Heer, nur im Offizierskorps überwogen wie immer die Karthager, marschierte auf dem Landweg entlang der nordafrikanischen Küste in Richtung der Meerenge von Gibraltar. Als Zielort wurde Gades anvisiert. Eine kleine karthagische Flotte dürfte die Versorgung und Überfahrt von Afrika zum europäischen Kontinent ermöglicht haben. Der fast zehnjährige

Hannibal befand sich ebenso wie seine Brüder im Gefolge seines Vaters Hamilkar. Diese neue Etappe seines Lebens, die mit dem Wechsel vom gewohnten Umfeld Karthago in die Fremde einsetzte, beendete seine Kindheit abrupt, eröffnete jedoch ungeahnte neue Möglichkeiten. Für Hannibal und für Karthago begann eine Zeit der Hoffnung.

Hannibals Kindheit fiel mit einem für die Geschicke Karthagos äußerst dramatischen Zeitpunkt zusammen. Schon früh erlebte er nach dem verlorenen Krieg gegen Rom, wie sehr sich die politische Landkarte zuungunsten seiner Heimatstadt veränderte. Zweifellos haben die düsteren Erfahrungen des Söldnerkrieges und die Entrüstung über den Raub Sardiniens im Gemüt des heranwachsenden Jünglings unauslöschliche Eindrücke hinterlassen. Von entscheidender Bedeutung war aber, daß die eigene Familie, allen voran sein Vater Hamilkar, in diese Ereignisse aufs engste involviert war und dabei die maßgebliche politische Führungsrolle übernahm. Das Schicksal des Barkidenhauses verwob sich mit der Zukunft Karthagos, und diese schien damals in Hispanien zu liegen.

II. Auf der Suche nach Arganthonios: Jugendjahre

Mit der sagenumwobenen Gestalt des tartessischen Königs Arganthonios verband sich seit Herodots Zeiten (5. Jh. v. Chr.) die Vorstellung eines Eldorado, eines an Silber und Edelmetallen reichen Landes in dem von Iberern bewohnten, äußersten westlichen Winkel der Mittelmeerwelt (Herodot I 163). Die antiken seefahrenden Völker, Phönikier, Griechen und Karthager, besuchten regelmäßig die Region, legten Stützpunkte an, trieben Handel und knüpften Kontakte mit den dortigen Oberschichten, die die Sicherheit des Wirtschaftsaustausches garantierten.

Solange Karthago Sizilien und Sardinien beherrschte, reichten seine Kräfte für weitere ausgreifende Kolonialunternehmungen, die beträchtliche Militärkontingente erforderten, nicht aus. Nach der Abtretung dieser für die karthagische Wirtschaft lebenswichtigen Inseln setzte Hamilkar nun das verbliebene karthagische Militärpotential ein, um einen Eroberungs- und Beutezug durchzuführen. Am dringlichsten war zunächst die Entrichtung der an Rom zu leistenden Reparationszahlungen (4400 Silbertalente), um der neuen Hegemonialmacht keine Vorwände für weitere antikarthagische Interventionen zu liefern.

Hamilkars Hispanienexpedition verfolgte noch ein weiteres Ziel. Sicherlich hatte der entschlossene und ehrgeizige karthagische Stratege die Hoffnung, auf der Iberischen Halbinsel eine neue Basis künftiger karthagischer Machtpolitik zu errichten. Zum ersten Mal in der langen Geschichte Karthagos operierte eine karthagische Armee auf dem europäischen Festland. Sie hatte den Auftrag, die wichtigsten Wirtschaftszonen des südhispanischen Raumes, insbesondere die Bergbaugebiete um Huelva und Castulo, zu erobern oder durch ihre Präsenz wirksam zu kontrollieren. Die Erfüllung der Aufgabe ließ sich gut an. Ziemlich rasch vermochte Hamilkar die karthagische Autorität in dieser Region zu festigen. Er trat nicht bloß als Eroberer auf. Im Bewußtsein der Begrenztheit

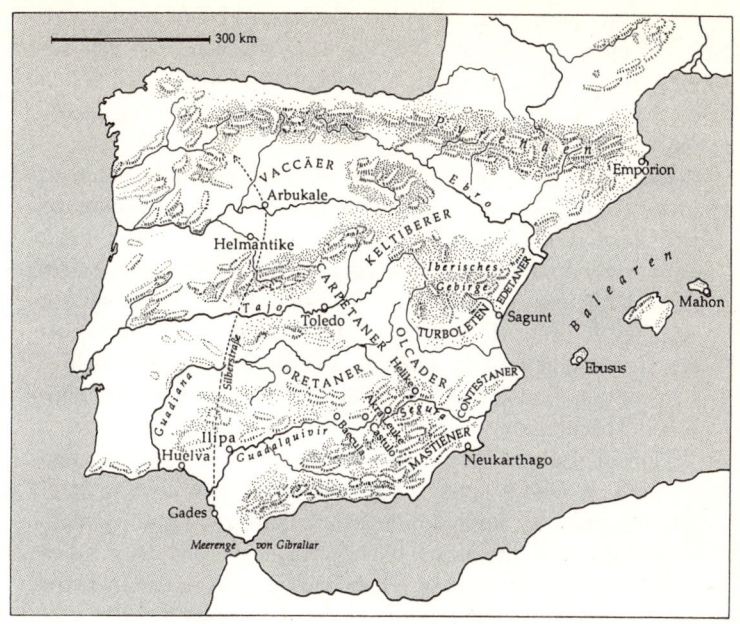

Die Iberische Halbinsel zur Zeit Hannibals

seiner militärischen Kräfte wählte er den Weg der Diplomatie, um eine tragfähige Einbindung der einheimischen Führungsschichten zu erlangen, denn nur so war langfristig die Stabilität der karthagischen Präsenz und Einflußnahme zu gewährleisten.

Wahrscheinlich in der Nähe des Bergbaugebietes von Castulo gründete Hamilkar eine Stadt, Akra Leuke, was die Römer offenbar beunruhigte. Sie schickten eine Senatsgesandtschaft nach Hispanien, um Erkundigungen bezüglich des Standes der karthagischen Landnahme und der weiteren Projekte einzuholen (um 231 v. Chr.). Hamilkar, der sie in seiner neuen Residenz empfangen haben dürfte, räumte das Mißtrauen der Römer aus. Seine Beteuerung, sein Vorgehen in Hispanien diene nicht nur den karthagischen, sondern ebenso den römischen Finanzinteressen (rasche Rückzahlung der Kriegsreparationen), vermochte offenbar die römischen Emissäre zu überzeugen (Cassius Dio XII Frg. 48). Mit Sicherheit war der junge Hannibal Zeuge dieser Begegnung, die ihm den ersten direkten Eindruck von dem Auftreten der römischen Großmacht vermittelte.

Innerhalb weniger Jahre hatte es Hamilkar fertiggebracht, in den Besitz wichtiger ökonomischer Zentren Südhispaniens zu gelangen. Das heutige Westandalusien und die Territorien am unteren und mittleren Lauf des Guadalquivir unterstanden ihm. Als nächstes wurde die Kontrolle des ostandalusischen Raumes in Angriff genommen. Diese Region, die sich zwischen dem Oberlauf des Guadalquivir und Segura bis zur Mittelmeerküste hin erstreckt, bildete den natürlichen geopolitischen Abschluß der bereits erfolgten Eroberungen.

Hannibal dürfte sich seit seiner Ankunft in Hispanien vorwiegend in Gades aufgehalten haben. Die phönikische Stadt am Atlantik, berühmt durch ihr Melkart-Heiligtum, mit ihrem Hafen und fruchtbarem Hinterland mag ihn an das heimatliche Karthago erinnert haben. Hier genoß er die Erziehung eines vornehmen Karthagers. Zu seinen Lehrern, die ihm nach Hispanien gefolgt waren, gehörten Silenos von Kaleakte und Sosylos von Sparta. Von ihnen erhielt er Unterricht in dem Fächerkanon (Rhetorik, Mathematik, Literatur etc.) einer griechisch ausgerichteten Ausbildung. Die Namen seiner karthagischen Erzieher werden nicht überliefert. Punisch, Griechisch und verschiedene nordafrikanische Dialekte sprach Hannibal von Hause aus, nun lernte er die iberischen Sprachen, und später kam Latein hinzu. Die gängige Lektüre Hannibals dürften die damals beliebten Alexandertraktate gebildet haben oder die Memoiren des Pyrrhos von Epirus. Daß Sosylos, der spartanische Lehrer Hannibals, ihn mit den militärischen Schriften des legendären Spartaners Xanthippos, des Retters von Karthago im 1. römisch-karthagischen Krieg, vertraut machte, ist anzunehmen. Sicher wird Hannibal die Berichte über die Taten des Herakles begierig aufgenommen haben. Zumal die Geryon-Episode in unmittelbarer Nähe seiner neuen Heimat ihren Ausgang nahm: Der bis an das Ende

24

der damaligen Welt gereiste Herakles besiegte Geryon, einen Riesen mit drei Leibern, und trieb dann dessen Herde durch Hispanien über Gallien nach Italien, wo er den Dieb Cacus züchtigte. Angesichts der späteren Entwicklung läßt sich annehmen, daß sich diese Geschichte tief in Hannibals Gedächtnis einprägte.

Über den ersten öffentlichen Auftritt Hannibals liegt ein in der Tendenz höchst gefärbter Bericht vor. Die Szene ist dramaturgisch durchkomponiert: Als etwa neunjähriger Knabe soll er sich auf Betreiben seines Vaters eidlich verpflichtet haben, den Römern ewigen Haß zu bewahren (Polybios III 11; Livius XXI 1). Mit Sicherheit ist diese Episode unhistorisch und wurde erst nachträglich von romtreuen Autoren verbreitet, um zu betonen, wie sehr das Barkidengeschlecht gegenüber Rom stets auf Rache gestimmt war (Valerius Maximus IX 3, 2 berichtet, wie Hamilkar seine Söhne als Löwenbrut, die den Untergang Roms herbeiführen würden, bezeichnet haben soll). Auf diese Weise ließ sich die Schuld am Ausbruch des 2. römisch-karthagischen Krieges allein den Karthagern zuweisen. Diese Geschichte ist wie viele andere Hannibalanekdoten weniger aufgrund ihres historischen Kerns, sondern vielmehr wegen der Umstände ihrer Entstehung von Belang. Sie zeigen uns, daß die Römer ein schlechtes Gewissen verspürten und, um ihre eigene Verantwortung am Krieg zu verschleiern, daran gingen, die Karthager und speziell Hannibal mit Schuldvorwürfen zu belasten.

Historisch abgesichert ist dagegen, daß der begabte Sohn des Hamilkar schon früh neben seinen Unterrichtsfächern das militärische Handwerk gründlich erlernte. Er wird seinen Vater gelegentlich begleitet haben, als dieser zu Feldzügen gegen iberische Völker aufbrach. Hier erlangte er aus unmittelbarer Anschauung Kenntnisse über die Eigenheiten des Landes und seiner Bewohner. Ferner gewann er wertvolle Einblicke in die unermüdliche Tätigkeit seines Vaters. Feldzüge planen, mit fremden Völkern verhandeln, Verträge abschließen, Bergwerkskonzessionen erwerben, Militärstützpunkte anlegen, Gesandtschaften empfangen, Söldner anwerben und bei Laune halten, mit den heimatlichen karthagischen Behörden umgehen – dieses und vieles andere mehr lernte Hannibal in der Umgebung seines Vaters von der Pike auf. Nicht ausschließlich Handbuchwissen, sondern die Praxis der alltäglichen Regierungsarbeit bestimmte seine Lektionen.

Als sein Vater 229 v. Chr. bei der Belagerung der iberischen Stadt Helike überraschend starb, war der 18jährige Hannibal ein durchaus erfahrener Soldat. Sein Schwager Hasdrubal, der als neuer Stratege an die Stelle Hamilkars trat, übertrug ihm die Führung eines Truppenkontingents. Unsere Kenntnis dieser Jahre ist sehr spärlich, und es läßt sich sicher nicht genau ermitteln, ob Hannibal diese Aufgabe sofort oder erst später übernahm. Denn es ist möglich, daß er sich zunächst einige Zeit in Karthago aufgehalten hat, bis ihn Hasdrubal aufforderte, nach Hispanien zurückzukehren (224 v. Chr.). Hannibal kommandierte einen wohl aus numidischen Reitern bestehenden Kavallerieverband und erwarb sich während der Amtszeit Hasdrubals große Beliebtheit unter den Soldaten. Welche militärischen Unternehmungen er durchzuführen hatte, ist nicht bekannt.

Zu tun gab es mehr als genug. Hamilkars letzter militärischer Vorstoß, die Belagerung Helikes (heute Elche de la Sierra) am Oberlauf des Segura, deutete bereits die Richtung der weiteren karthagischen Unternehmungen an, die der Kontrolle der ostandalusischen Küstenregion galten. Unter Hasdrubals Kommando wurde diese Aufgabe in Angriff genommen und mit der Gründung einer neuen Stadt, Carthago Nova, d.h. Neukarthago (heute Cartagena), erfolgreich abgeschlossen.

Mit der Erbauung dieser Residenz schuf Hasdrubal für die nun karthagisch beeinflußten Territorien Ostandalusiens eine Pforte zur Außenwelt. Die Stadt besaß den besten Hafen der gesamten hispanischen Mittelmeerküste; dieser war in der Lage, eine große Kriegsflotte aufzunehmen und lag wesentlich näher bei Karthago als etwa Gades. Der Ort war ferner wegen der Ergiebigkeit der in unmittelbarer Nähe liegenden Silberminen, Spartgrasfelder (Pflanzen, aus denen vornehmlich

Schiffstaue hergestellt wurden) und Fischfanggründe von immenser ökonomischer Bedeutung. Zukünftig spielte Neukarthago eine herausragende Rolle als Symbol der barkidischen Macht in Hispanien.

Durch die Gründung Neukarthagos verlagerte sich der Schwerpunkt des karthagischen Hispanien an die Mittelmeerküste. Die wichtigsten Verwaltungsbehörden und das Heereshauptquartier zogen in die Stadt ein. Wie bereits bei der Anlage von Akra Leuke unter Hamilkar wurden die Römer erneut unruhig und sandten eine Delegation nach Hispanien. Sie verlangten von Hasdrubal die Zusicherung einer künftigen Begrenzung des Einsatzes seines Militärpotentials. Offenbar wollten sie die Chora (das Hinterland) des neuen karthagischen Machtzentrums beschränken.

Ergebnis dieses Tauziehens war eine Abmachung, die gewöhnlich, und meines Erachtens fälschlicherweise, als Ebro-Vertrag bezeichnet wird. Richtig müßte sie Hasdrubal-Vereinbarung lauten (Polybios II 13). Beweggrund dieser Verhandlungen kann nicht die Festlegung einer zum damaligen Zeitpunkt (um 226 v. Chr.) völlig abstrakten, dem realen Zustand der karthagischen Expansion in keiner Weise entsprechenden Demarkationslinie (heutiger Fluß Ebro) gewesen sein, sondern vielmehr die Gründung Neukarthagos. Es gibt ein weiteres Indiz dafür. In der Errichtung des neuen karthagischen Bollwerkes sahen die Römer eine Gefährdung ihrer Besitzungen auf Sardinien und Sizilien und reagierten darauf mit der Verdoppelung der Prätorenstellen, um die Verteidigungsbereitschaft ihrer neuen Provinzen zu steigern. Den Römern ging es folglich um die Beschneidung des karthagischen Einflusses auch in den unmittelbar nördlich der Stadt liegenden Territorien.

Inhalt der Hasdrubal-Vereinbarung war die abgegebene Zusicherung, sich jenseits des Flusses Iber militärisch nicht weiter zu betätigen. Bei der Wassergrenze, die den nördlichen Aktionsradius der karthagischen Kriegführung markierte, dürfte es sich um einen Fluß in Südhispanien, unweit von Neukarthago gelegen, gehandelt haben. Aller Wahrscheinlichkeit nach war es der heutige Segura. Dafür gibt es wichtige Hinweise. Zum einen geht aus keiner antiken Quelle hervor, daß der Fluß des Hasdrubal-Vertrages der heutige Ebro war. Das Gegenteil trifft zu. Die einschlägigen Autoren (Polybios, Livius, Appian) gehen von einem Fluß südlich von Sagunt aus.

Polybios, der den Ereignissen am nächsten steht, belegt es unmißverständlich, wenn er ausführt: „Wenn man die Zerstörung Sagunts als die Ursache des Krieges betrachtet, so muß man zugeben, daß die Karthager im Unrecht waren, als sie ihn begannen, sowohl nach dem unter Lutatius abgeschlossenen Vertrag, der den beiderseitigen Bundesgenossen von beiden Seiten Sicherheit verbürgte, wie nach dem Vertrag des Hasdrubals, der den Karthagern verbot, den Iber in kriegerischer Absicht zu überschreiten" (Polybios III 30, 3). Der Wortlaut dieser Äußerung ist aufschlußreich, weil daraus ersichtlich wird, daß Hannibal, bevor er Sagunt angriff, den Fluß der Hasdrubal-Vereinbarung (Iber) überschreiten mußte. An einer anderen Stelle berichtet derselbe Polybios (III 21, 1) über die Reaktion der Karthager gegenüber der nach der Zerstörung Sagunts nach Karthago angereisten römischen Delegation, die den Krieg erklären sollte, indem er feststellt: „Über die Vereinbarungen mit Hasdrubal nun gingen sie [die Karthager] einfach hinweg, als entweder gar nicht abgeschlossen oder, wenn dies der Fall sei, als unverbindlich für sie selbst, da sie ohne ihre Einwilligung getroffen worden seien." Im Klartext heißt dies, daß die Karthager auf den römischen Vorwurf, Hannibal habe durch seinen Angriff auf Sagunt die Hasdrubal-Vereinbarung verletzt, mit dem Argument der Nichtratifizierung dieses Abkommens antworteten, woraus sich ebenfalls ergibt, daß der Fluß des Hasdrubal-Abkommens zwischen Neukarthago und Sagunt liegt.

Ferner sagen uns die archäologischen Befunde mit großer Eindeutigkeit, daß keine karthagische Landnahme nördlich des Segura stattgefunden hat. Schließlich ist die von den Karthagern kontrollierte Region, die von Guadalquivir und Segura eingeschlossen wurde, hinsichtlich ihrer Ausdehnung gewaltig (um ein Vielfaches größer als die früheren karthagischen

Stammbaum der Barkiden

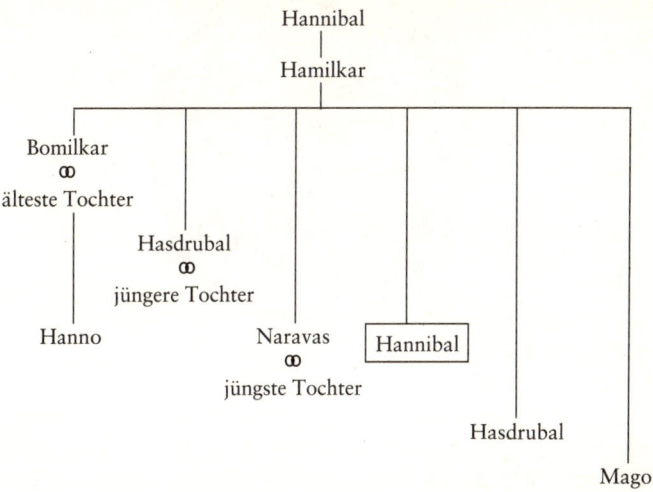

Hannibal
|
Hamilkar

Bomilkar
∞
älteste Tochter

Hanno

Hasdrubal
∞
jüngere Tochter

Naravas
∞
jüngste Tochter

Hannibal

Hasdrubal

Mago

Besitzungen auf Sardinien und Sizilien) und zum Zeitpunkt des Abschlusses des Hasdrubal-Abkommens keineswegs definitiv unterworfen gewesen. Ersetzt man den Segura durch den Ebro, so würde das entsprechende Territorium alle Maßstäbe bisheriger karthagischer Überseepolitik sprengen und im übrigen den Römern eine beispiellose Großzügigkeit unterstellen, die gar nicht zu ihrem sonstigen kleinlichen Verhalten, hier wäre an Sardinien zu erinnern, paßt.

Welche Rolle der inzwischen zum Manne gereifte Hannibal während der Strategie des Hasdrubal spielte, wissen wir nicht genau. Dennoch darf als gesichert gelten, daß er der Popularität nach zu urteilen, die er bei der Truppe genoß, hohe militärische Funktionen wahrnahm. Diese kam Hannibal sehr zugute, als Hasdrubal völlig unerwartet (221 v. Chr.) starb und das karthagische Heer den jungen Mann zu seinem Nachfolger erhob. Die Wahl der Soldaten wurde von der Volksversammlung in Karthago prompt bestätigt. Damit befand sich der 26jährige Hannibal im Besitz des bedeutsamsten karthagischen Militäramtes. Wie schon seine Amtsvorgänger dürfte

Ein Beispiel der barkidischen Münzprägung in Hispanien

Hannibal ebenfalls die Strategie (militärisches Oberkommando) über Libyen und Hispanien erhalten haben. Die größte Truppenmacht des karthagischen Staates unterstand ihm ebenso wie die Verfügungsgewalt über umfangreiche Ressourcen.

Der plötzliche Tod des Hasdrubal hatte ein Machtvakuum geschaffen. Wie beim Tode des Hamilkar ergriff auch dieses Mal die Armee die Initiative. Sie entschied sich für ein vielversprechendes Talent, das vor allem seine Herkunft als Sohn des Hamilkar und Schwager des Hasdrubal in die Waagschale werfen konnte. Schon immer hatten mächtige Adelsfamilien die Geschicke Karthagos nachhaltig bestimmt. In der Vergangenheit waren es die Magoniden, die in der karthagischen Überseepolitik eine Schlüsselrolle gespielt hatten. Seit der Mitte des 3. Jhs. v. Chr. waren es nun die Barkiden. Die in Hispanien erzielten Erfolge unterstrichen den Führungsanspruch dieser Familie.

Dennoch blieb der republikanische Charakter des karthagischen Gemeinwesens stets unangetastet. Hamilkar, Hasdrubal und ebenso Hannibal waren trotz der angehäuften Machtfülle und ihrer weitgefaßten Kompetenzen lediglich Amtsträger, also Beauftragte, die im Namen und in Vertretung Karthagos handelten.

Dadurch daß Hasdrubal und Hannibal ihre Machtstellung von der Zustimmung des Heeres ableiteten, das Charisma von

Herrschern gegenüber den hispanischen Völkern entwickelten, Erfolg und Prestige zu Maßstäben ihrer Legitimität wurden und sie nach der Art der Diadochen Städte gründeten sowie Münzen prägen ließen, breitete sich die Vorstellung eines von der Mutterstadt Karthago unabhängigen Königtums der Barkiden in Hispanien aus. Doch trotz der Spannungen, die gelegentlich aufgetreten sein mögen, ist es immer zu einem Interessenausgleich zwischen den Barkiden und Karthago gekommen. Die Mutterstadt wurde stets um Bestätigung der in Hispanien ergriffenen Maßnahmen ersucht. Gegenseitige Konsultationen waren die Regel, Entscheidungen von Tragweite wurden einvernehmlich getroffen. Mitglieder des karthagischen Rates befanden sich in der Umgebung des Hannibal. Als dann schließlich der Krieg gegen Rom ausbrach, deckte Karthago jede Initiative, die von Hannibal ergriffen wurde. Dieser wiederum bemühte sich nach Kräften und lange Zeit auch erfolgreich, den Krieg von Nordafrika abzuwenden.

III. Zwischen Gades und Sagunt:
Stratege in Hispanien

Die ehemalige Seemacht Karthago war innerhalb zweier Jahrzehnte in Hispanien zu einer Landmacht geworden. Das Barkidenhaus hatte an dieser Entwicklung den entscheidenden Anteil. Als Hannibal den Oberbefehl über die in Hispanien operierende karthagische Armee übernahm, achtete er darauf, leistungsfähige Mitarbeiter um sich zu scharen. Maharbal, der Befehlshaber der numidischen Reiterei, der Leiter der Pioniere, Hasdrubal, Mago der Samnite oder Himilko – allesamt Offiziere, die später Berühmtheit erlangten – waren von Anfang an im Stab des Hannibal.

Neben einem starken Landheer bildete die Pflege der Beziehungen zu den wichtigsten iberischen Fürstengeschlechtern die tragende Säule der karthagischen Macht. Wie schon Hasdrubal es getan hatte, heiratete Hannibal eine vornehme Dame aus Castulo, deren überlieferter Name Himilke ebenso zweifelhaft ist, wie die Antwort auf die Frage, ob Hannibal Nachkommen hatte. Jedenfalls erleichterten derartige Gesten die von den Barkiden angestrebte Anerkennung ihres Führungsanspruches durch die alteingesessenen hispanischen Völker.

Obwohl Hannibal mit der Übernahme des Strategenamtes ins Rampenlicht trat, bleibt auch jetzt die Kenntnis seiner Person gering. Über seine Privatsphäre ist so gut wie nichts in Erfahrung zu bringen. Alle Verhaltensweisen, die sein Wesen charakterisieren – Genügsamkeit, Tapferkeit, Ausdauer oder Grausamkeit – betreffen sein öffentliches Auftreten bzw. das Bild, das davon entworfen wurde. Bemerkenswert in diesem Zusammenhang ist eine von Polybios überlieferte Episode, die seine Geldgier betonen soll und für die Massinissa als Kronzeuge benannt wird: „Diese beiden Männer [Hannibal und Mago der Samnite] hätten von frühester Jugend an bei allen Unternehmungen einander treu zur Seite gestanden, hätten viele Städte in Iberien und Italien mit Gewalt oder durch Übergabe genommen, jedoch niemals eine Unternehmung gemeinsam durchgeführt [...] um zu verhindern, wenn der eine eine Stadt eroberte, daß der andere dabei war, damit sie nicht darüber in Streit gerieten oder den Gewinn teilen müßten" (Polybios II 25). Relativiert wird eine derartige Einschätzung, wenn Polybios am Ende des Kapitels auf eine verallgemeinernde Sichtweise verweist: „Bei den Karthagern jedenfalls herrscht der Ruf der Geldgier, bei den Römern der der Grausamkeit."

Die ab 221 v. Chr. zu beobachtende Dynamik in Hannibals Vorgehen orientierte sich an der Handlungsweise seiner Vorgänger. Um die Schlagkraft und Zuverlässigkeit seines mittlerweile hauptsächlich aus Hispaniern bestehenden Heeres zu erproben und zu erhalten, plante er Feldzüge, die ihn in Gegenden bringen sollten, die weitab vom eigenen Einflußbereich lagen. Ob er daran dachte, Teile der kastilischen Hochebene und der Ostküstenregion unter karthagische Herrschaft zu bringen, läßt sich nicht genau sagen, wenn auch der Gedanke, aus karthagischer Sicht allemal, naheliegend war.

Vor allem aber ist bei all diesen Planungen die karthagische Innenpolitik besonders zu berücksichtigen. Nach dem Tod des Hasdrubal war die Stellung der Barkidenanhänger in Karthago prekär geworden. Ihre Gegner versuchten alles, um ihre zeitweise als drückend empfundene Dominanz zu brechen. Eine geplante Entmachtung Hannibals war sicherlich Bestandteil dieses Programms. In dieser Lage konnten militärische Erfolge in Hispanien von Nutzen sein. Der jugendliche Feldherr Hannibal war ein noch unbeschriebenes Blatt. In diesem Zusammenhang muß betont werden, daß er damals (221 v. Chr.) natürlich nicht der allseits gefeierte und überragende Militärstratege war, als den wir ihn rückblickend kennen. Er mußte erst noch zeigen, was er zu leisten imstande war. Daher blieb ihm nur die Möglichkeit, durch siegreiche Feldzüge seine kriegerischen Fähigkeiten unter Beweis zu stellen, um so seinen Anspruch auf die Leitung der karthagischen Angelegenheiten in Hispanien zu unterstreichen. Gleichzeitig konnte er die zu erwartende Beute für die Zwecke der karthagischen Innenpolitik einsetzen. Nur so war es möglich, daß die Stellung der barkidischen Anhänger in Karthago gestärkt und die Kritik der antibarkidischen Opposition zum Verstummen gebracht werden konnte.

Im Sommer des Jahres 221 v. Chr. brach Hannibal gegen die am Oberlauf des Segura siedelnden Olcaden auf. Durch eine präzis geplante und energisch durchgeführte Machtdemonstration gelang es, den Feldzug nach der Einnahme von Althaia erfolgreich zu beenden. Das schnelle Zupacken und das entschlossene Vorgehen, wie es sich bereits hier manifestiert, sollte künftig ein Gütezeichen von Hannibals Feldherrnkunst werden. Er begab sich anschließend ins Winterquartier nach Neukarthago, wo er die Truppe durch Soldzahlungen bei Laune hielt und sie für die nächsten Aufgaben im folgenden Jahr vorbereitete.

Wohl entlang der alten Silberstraße, die von Westandalusien nach Kastilien führte, ließ er im Frühjahr des Jahres 220 v. Chr. seine Truppen gegen das Stammesgebiet der Vaccäer am mittleren Lauf des Duero aufmarschieren. Die Stadt Helmantike (heute Salamanca) eroberte er im Sturm, Arbukale (heute Toro) leistete erbitterten Widerstand, konnte aber genauso bezwungen werden. Die gewonnene Beute war groß. Auf dem Rückweg nach Süden wurden die karthagischen Verbände in der Nähe von Toledo überraschend von den Carpetanern bedrängt. Dieser am mittleren Lauf des Tajo siedelnde Stamm hatte Hannibal wohl freien Durchzug gewährt, sich jetzt aber anders besonnen. Es kam zu einer größeren Schlacht, bei der die von Hannibal mitgeführten Kriegselefanten zum Einsatz kamen und zusammen mit der durchtrainierten numidischen Kavallerie die Carpetaner demoralisierten. Bei diesem Feldzug zeigte sich die außerordentliche militärische Begabung Hannibals zum ersten Mal in aller Deutlichkeit, als er in einer schwierigen Situation dank seiner überlegenen taktischen Konzeption den Sieg erringen konnte.

Als Hannibal im Jahr 221 v. Chr. karthagischer Stratege in Hispanien wurde, gab es noch kein Sagunt-Problem. Die unter Hasdrubal fixierte Demarkationslinie bestimmte den Segura als Grenze der bisherigen karthagischen Militärinterventionen.

Weder dürften die Saguntiner durch den Wechsel an der karthagischen Führungsspitze alarmiert gewesen sein, noch wird Hannibal zum Zeitpunkt seines Amtsantritts konkrete Absichten hinsichtlich Sagunts gehabt haben. Doch seine spektakulären Feldzüge gegen die Olcaden, Vaccäer und Carpetaner ließen die hispanischen Völker aufhorchen. Obwohl diese Expeditionen vornehmlich Erkundungs- und Plünderungszüge waren (es gab keine Annexionen), veränderten sie doch schlagartig die politische Landschaft, denn Hannibal schloß Bundesgenossenverträge mit Stämmen nördlich des Guadalquivir und Segura. Dazu hatte er jedes Recht. Eine solche Handlungsweise verstieß auch nicht gegen die Hasdrubal-Vereinbarung. Eine ganze Reihe von Völkern in Zentralhispanien (Carpetaner, Olcaden etc.) und an der Ostküste (Oretaner, Contestaner, Edetaner, Turboleten etc.) wurden jedoch zu einer Positionsbestimmung gegenüber dem neuen Vertreter der karthagischen Macht getrieben. Erst ab diesem Zeitpunkt werden die Turboleten, neben anderen Stämmen, in die karthagische Bundesgenossenschaft aufgenommen worden sein. Das System war nicht ganz neu. Auch in Sizilien, wo die Karthager ein eigenes Herrschaftsgebiet besessen hatten, unterhielten sie vertragliche Beziehungen zu Städten und Völkern außerhalb ihres Machtbereiches.

Dieser plötzliche Wandel der politischen Landkarte Hispaniens dürfte die Saguntiner, die mit den Turboleten im Streit lagen, dazu veranlaßt haben, sich nach Bundesgenossen umzusehen. Rom bot sich dazu an, und die Saguntiner traten im Vertrauen auf den Schutz ihres mächtigen Partners selbstbewußt gegenüber den Turboleten und Hannibal auf. Wohl nicht vor 220 v. Chr. dürfte es zu einer Annäherung zwischen Rom und Sagunt gekommen sein, über deren Modalitäten aber nichts in Erfahrung zu bringen ist. Sehr wahrscheinlich existierte eine Übereinkunft, die Rom zum Beistand verpflichtete, falls Sagunt angegriffen würde. Daß sie aber zum Zeitpunkt der größten Gefahr für die Stadt nicht wirksam wurde, hat für die Saguntiner tragisch geendet, fühlten sie sich doch aufgrund des römischen Beistandes besonders sicher.

Die Sagunt-Affäre war zunächst eine binneniberische Angelegenheit. Die Saguntiner überzogen die benachbarten Turboleten, Karthagos Verbündete, mit Krieg. Diese wandten sich hilfesuchend an Hannibal, der daraufhin die Saguntiner zur Verantwortung zog. Der Konflikt zwischen Hannibal und Sagunt geriet zu einem Testfall der künftigen karthagischen Hispanienpolitik. Gab Hannibal gegenüber Sagunt nach, so war damit für die anderen hispanischen Völker zum Ausdruck gebracht, daß die Angst Hannibals vor einer Konfrontation mit Rom einen wirksamen Schutz für all diejenigen bieten konnte, die sich dem Griff der Karthager zu entziehen trachteten. Eine solche Interferenz innerhalb seines engeren Einflußbereiches konnte Hannibal schwerlich dulden. Hätte doch der Verzicht auf Feindseligkeiten gegenüber Sagunt die Anerkennung der Schiedsrichterfunktion einer in Hispanien abwesenden, fremden Macht bedeutet. Eine derartige Zurechtweisung und Beschneidung des eigenen Machtanspruches wollten die Karthager nicht hinnehmen. Mit dem Angriff auf Sagunt im Jahre 219 v. Chr. machte Hannibal den Römern klar, daß Karthago nicht länger bereit war, sich von ihnen die Spielregeln der Hispanienpolitik diktieren zu lassen.

Zu Beginn der guten Jahreszeit zog Hannibal mit einer Armee von Neukarthago aus entlang der Küstenstraße über den Segura nach Sagunt, das in der Mitte der hispanischen Ostküste an einer Engstelle zwischen dem Iberischen Gebirge und dem Meer am Fluß Palancia lag. Da ein erster Angriff mißlang, ließ er einen Belagerungsring um die Stadt legen. Acht Monate lang leistete Sagunt tapferen Widerstand, wohl in der Hoffnung auf römische Hilfe, die jedoch nicht kam. Hannibal, der mit der Belagerung ungewöhnlich lange aufgehalten worden war, nahm schließlich die Stadt im Sturm und ließ sie durch seine Soldaten plündern. Einen Teil der gewaltigen Beute schickte er nach Karthago. Die rücksichtslose Behandlung der Saguntiner durch Hannibal sollte für die hispanischen Völker Signalwirkung haben und sie von einer antikarthagischen Parteinahme abschrecken.

Nach der Eroberung Sagunts (gegen Ende Dezember 219 v. Chr.) war der dritte hispanische Feldzug Hannibals erfolgreich abgeschlossen. Die iberische Stadt war ein strategisch wichtiger Ort inmitten einer äußerst fruchtbaren Landschaft. Durch ihre Beherrschung hatten die Karthager eine vorgeschobene Versorgungsbasis im Hinblick auf eine weitere Expansion nach Norden gewonnen.

Seit Hannibal Stratege geworden war, hatten sich die den Karthagern zur Verfügung stehenden Ressourcen ständig vermehrt. Die Zahl der hispanischen Verbündeten hatte sich beträchtlich erhöht. Das karthagische Heer war angewachsen und auf einen hohen Leistungsstand gebracht worden. Die durch den gestiegenen Handel mit hispanischen Erzeugnissen und der gezielten Ausbeutung der zahlreichen Bergwerke angehäuften Reichtümer füllten die Kassen der Karthager. Allein die in der Nähe von Castulo gelegene Mine von Baebelo brachte Hannibal einen täglichen Ertrag von dreihundert Pfund Silber.

Als fast eine Generation früher Hamilkar nach der schwersten Krise des karthagischen Staates zu neuen Ufern aufgebrochen war, war sein Hispanienprojekt voller Ungewißheiten und mit mancherlei Fragezeichen versehen gewesen. Nun konnte man die Früchte aller Anstrengungen unter der Ägide seines Sohnes Hannibal ernten. Dank der barkidischen Hispanienpolitik war Karthago erneut zu einem Machtfaktor im westlichen Mittelmeerraum avanciert. Diese Stellung galt es nun gegen jedermann zu verteidigen, wenn nötig auch gegen Rom.

Die Römer waren damals das mächtigste Volk im westlichen Mittelmeerraum. Aus kleinen Anfängen hervorgegangen, konnte sich der römische Staat nach der Beherrschung Etruriens und Latiums als eine aristokratisch geprägte Republik konstituieren. Es dauerte nicht lange, bis sie ihre militärischen Machtmöglichkeiten so weit ausbaute, daß sie sich erfolgreich in Italien zu behaupten vermochte. Jahrzehntelang führte Rom Krieg gegen Kelten und Samniten, die die Stadt zuweilen existentiell bedrohten. Aber immer wieder zeigten sich die Römer stärker und ausdauernder als ihre jeweiligen Gegner. Nach dem römischen Sieg bei Sentinum (295 v. Chr.) hatten sie keinen ernsthaften Rivalen in Italien zu fürchten.

Die völkerrechtlichen Beziehungen zwischen Rom und den Italikern waren so geregelt, daß sämtliche vertraglichen Abmachungen dazu dienten, Rom militärischen Beistand zuzusichern. In einem Netz von bilateralen Verpflichtungen waren die italischen Bundesgenossen an Rom gebunden, das dadurch einen enormen Machtzuwachs erfuhr. Die innere Unabhängigkeit der Bundesgenossen blieb zwar unangetastet, aber ihre außenpolitische Handlungsfreiheit hatten sie eingebüßt.

Seine erste große Bewährungsprobe bestand Rom, als es gelang, Pyrrhos, den König von Epirus, auf italischem Boden abzuwehren. Als dieser 275 v. Chr. aus Italien vertrieben werden konnte, hatte Rom die unbestrittene Hegemonialstellung auf der Apenninhalbinsel erreicht.

Bezeichnend für das Selbstverständnis und den Stellenwert des römischen Senates ist die von Plutarch im Zusammenhang mit dem Krieg gegen Pyrrhos überlieferte Episode, deren Protagonist Appius Claudius Caecus ist: „Da war es Appius Claudius, ein hochangesehener Mann, der sich wegen seines hohen Alters und seiner Erblindung von den Staatsgeschäften zurückgezogen hatte, der, als ihm jetzt die Anträge des Königs [Pyrrhos] mitgeteilt wurden und das Gerücht aufkam, daß der Senat Frieden schließen wollte, sich nicht mehr zurückhalten konnte, sondern sich von seinen Dienern in einer Sänfte zum Senat tragen ließ. Als er dort ankam, empfingen ihn seine Söhne und Schwiegersöhne, nahmen ihn in ihre Mitte und führten ihn hinein, und der Senat bewahrte aus Achtung für den Mann ein ehrfurchtsvolles Schweigen. Er trat sogleich auf und sprach: Bisher ihr Römer, litt ich unter dem Verlust meiner Augen, jetzt bedaure ich, daß ich außer der Blindheit nicht auch taub bin, sondern von schimpflichen Beratungen und Beschlüssen hören muß, die den Ruhm unserer Stadt vernichten [...]. Als Appius solche Worte gesprochen hatte, erfüllte die Senatoren neuer Mut zum Kriege, und sie gaben den Bescheid, Pyrrhos solle erst Italien räumen und danach von

Freundschaft und Bundesgenossenschaft reden [...], sonst würden die Römer mit aller Kraft Krieg führen, und wenn er tausend Männer wie Laevinus in die Flucht schlüge" (Plutarch, Leben des Pyrrhos 18). Diese Passage vermittelt einen sehr plastischen Eindruck von der Geisteshaltung der römischen Führungsschicht, indem hier eine ihrer herausragenden Eigenschaften betont wird: ihre Unbeugsamkeit. Mit einem solchen Gegner sollte es Hannibal zu tun bekommen.

IV. Rom mischt sich ein:
Ein antiker Weltkrieg entsteht

Über die Gründe, die zum Ausbruch des 2. römisch-karthagischen Krieges führten, berichtet Polybios folgendes: „Sobald nämlich Hamilkar, mit dessen persönlichem Groll sich jetzt seine und aller Karthager Empörung über diese Vergewaltigung [Raub Sardiniens] vereinigte, die aufständischen Söldner niedergekämpft und seiner Vaterstadt Ruhe und Frieden gesichert hatte, richtete sich seine Initiative sofort auf Iberien, um dort die Hilfsmittel für den Krieg gegen die Römer zu gewinnen. Und dies nun ist als die dritte Ursache anzusehen, ich meine die Erfolge der karthagischen Politik in Iberien. Denn im Vertrauen auf die dort errungene Macht gingen sie zuversichtlich dem Krieg entgegen" (Polybios III 10).

Diese Reflexionen sind trotz der erkennbaren Bemühungen des Polybios, eine möglichst sachgerechte Deutung des Kriegsausbruchs zu geben, parteiisch gefärbt. Gemäß dieser Logik erscheint die Initiative zum Kriegsausbruch als direkte Folge von Hamilkars Auftreten in Hispanien, wobei die Rolle Roms zu gering veranschlagt wird.

Man könnte aber genausogut sagen, daß der 2. römisch-karthagische Konflikt, lange bevor Hannibal Sagunt überfiel, begann und die Römer darauf mit der Kriegserklärung antworteten. Seine Anfänge lassen sich ebenso in der römischen Einmischung in die hispanischen Angelegenheiten der Karthager erkennen. Zwanzig Jahre lang hatten sich die Karthager auf der Iberischen Halbinsel ausgebreitet. In dieser Zeit hatten die Römer zugesehen, wie die einstigen Gegner ihre Kriegsreparationen vertragsgemäß entrichteten und gleichzeitig einen ansehnlichen Besitz anhäuften.

An gelegentlichen Inspektionsreisen ließen es die Römer nicht mangeln. Seit dem Lutatius-Vertrag fühlten sie sich ohnehin als Vormacht im westlichen Mittelmeerraum und traten entsprechend auf. Die Senatsgesandtschaft, die Hamilkars Tätigkeit in Hispanien begutachtete, war Ausdruck dieses römischen

Selbstbewußtseins. Gegenüber Hasdrubal hatten die Römer ebenfalls ihr Mißtrauen in bezug auf ein zu weit ausgreifendes karthagisches Vorgehen bekundet, und Hasdrubal verpflichtete sich zur Selbstbeschränkung. Er gab eine vertraglich vereinbarte Willenserklärung ab, die aber nur ihn allein band.

Mit dem jungen Hannibal wollten die Römer ähnlich verfahren und ihn zur Befolgung der römischen Zielsetzungen zwingen. Sie beschnitten seinen Aktionsradius und drohten bei Zuwiderhandlung mit Krieg. Man braucht sich nur die Reaktion der Römer vorzustellen, hätten die Karthager ihnen Vorschriften bezüglich ihres Umgangs mit den Völkern Italiens gemacht. Sie aber mischten sich in die karthagischen Angelegenheiten in Hispanien vehement ein.

In Wirklichkeit ging es um die Lösung einer Machtfrage. Wieviel Entfaltungsraum waren die Römer bereit, Hannibal und Karthago zu gewähren? Das Spannende an dieser Konstellation war aber, inwieweit Hannibal sich das römische Verhalten gefallen ließ. Man könnte den Streitfall auch anders formulieren. War im 1. römisch-karthagischen Krieg Sizilien der Zankapfel gewesen, so war es nun wieder ein Land, auf das beide Parteien Besitzansprüche erhoben, die eine Seite, die karthagische, aus dem Bewußtsein, eine rechtmäßige Beute erworben zu haben, die andere Seite, die römische, aus Großmachtstreben. Es ging um Hispanien, um seine Reichtümer und um seine Bedeutung als Machtbasis für ein wiedererstarktes Karthago.

Das sind die nüchternen Tatsachen, die dem römisch-karthagischen Konflikt zugrunde lagen. Nicht zum ersten Mal mischte sich Rom in die Geschicke weit entfernter und unter fremder Herrschaft stehender Gebiete ein, und das Ergebnis bedeutete stets Krieg. Besonders deutlich trat dies im Jahre 264 v. Chr. zutage, als Rom durch seine Intervention in Sizilien den 1. römisch-karthagischen Krieg einleitete. Interessant ist dabei zu beobachten, wie diese Vorgänge von den romfreundlichen Autoren nachträglich dargestellt wurden. Hier ein Beispiel: „Die Römer waren lange unschlüssig, was sie tun sollten, denn die Inkonsequenz ihres Verhaltens lag offen zutage:

kurz vorher hatten sie ihre eigenen Mitbürger auf das schwerste bestraft und hingerichtet, weil sie Verrat an den Rheginern verübt hatten; gleich danach aber den Mamertinern zu helfen, die sich in gleicher Weise nicht nur an den Messeniern, sondern auch an Rhegion vergangen hatten, schien ein schwer zu entschuldigendes Unrecht. Sie waren sich darüber völlig im klaren; da sie andererseits sahen, daß die Karthager sich nicht allein ganz Libyen, sondern auch große Teile von Iberien unterworfen hatten, überdies alle Inseln im Sardischen und Tyrrhenischen Meer in ihrer Gewalt hatten, waren sie in schwerer Sorge, sie könnten, wenn sie auch noch die Herrschaft über Sizilien gewännen, ihnen äußerst gefährliche Nachbarn werden, da jene sie dann eingekreist hätten und Italien von allen Seiten bedrohten" (Polybios I 10).

Diese Lagebeschreibung, die Polybios wohlgemerkt vor Beginn des 1. römisch-karthagischen Konfliktes ansetzt, ist völlig anachronistisch. Hier wird das ‚Hannibalgespenst‘, d. h. die Einkreisungstheorie bemüht, um die römische Invasion Siziliens zu rechtfertigen. Die tatsächliche Situation im Jahre 264 v. Chr. sah ganz anders aus. Die Karthager hatten damals keine hispanischen Besitzungen, dachten gar nicht daran, Rom anzugreifen und waren überdies seit zwei Jahrhunderten in Sizilien zuhause.

Als Rom aber zwei Generationen später (218 v. Chr.) erneut einen Krieg gegen Karthago in Kauf nahm, war nicht vorauszusehen, daß wegen der Energie, Zielstrebigkeit und außerordentlichen Kapazitäten Hannibals ein antiker Weltkrieg daraus werden würde, dessen Auswirkungen niemand erahnen konnte.

Dennoch haben die antiken Berichterstatter dieser Vorgänge, meist römisch gesonnen, ein wesentlich romfreundlicheres und deshalb karthagofeindliches Bild der zum Krieg führenden Konfliktlage gezeichnet. Wenn man die erhaltenen Aussagen untersucht, so gewinnt man zunächst den Eindruck, es hätte sich um die Klärung einer Rechtsfrage gehandelt, nämlich die Einhaltung bzw. Verletzung von Verträgen, um daran die Frage der Kriegsschuld zu messen. In Wirklichkeit ging es um Mißgunst, Gier, Angst, Expansionsdrang, Autonomie, Land und Herrschaft.

Das juristische Problem der Verantwortlichkeit am Kriegsausbruch war aus der Perspektive des Jahres 218 v. Chr. von untergeordneter Bedeutung. Die von unserer Überlieferung betonten Rechtsbrüche, der Angriff auf eine mit Rom verbündete Stadt bzw. die Verletzung der Hasdrubal-Vereinbarung stellen nachträglich ins Spiel gebrachte Argumente dar, um das römische Verhalten zu rechtfertigen. Spätestens seit dem Fall Sagunts waren die Römer zum Krieg in Hispanien entschlossen. Daß sie ihn nicht sofort begannen, hängt mit ihren anderweitigen auswärtigen Verwicklungen zusammen. Hinzu kommt, daß aus der Perspektive der römischen Kriegspropaganda die Rache für einen in Not geratenen Verbündeten ein wirksameres Argument für den Kriegseintritt darstellte als die Verletzung einer Demarkationslinie. Überdies taten die Römer in dieser Richtung alles, um die *fides Romana* (die römische Vertragstreue) mit der *fides Punica* (der karthagischen Vertragstreue) zu kontrastieren.

Die Zuspitzung dieser Situation hat Livius in einem höchst dramatischen Monolog eingefangen, als er den führenden karthagischen Politiker Hanno vor dem Rat von Karthago folgende Worte sagen läßt: „Diesen jungen Mann (Hannibal) aber hasse ich und verabscheue ich wie eine Furie und Fackel eines solchen Krieges. Ich meine, man müsse ihn nicht nur als Sühne für den Vertragsbruch ausliefern, sondern auch, wenn es niemand verlangt, an die äußersten Küsten des Meeres und der Länder schicken. Man müßte ihn an einen Ort bringen, woher uns weder sein Name noch sein Ruf erreichen kann. Dann könnte er den Bestand des Staates in seiner Ruhe nicht mehr stören. Ich stelle also den Antrag, sofort Gesandte nach Rom zu schicken, die dem Senat Genugtuung leisten. Andere Boten sollen Hannibal melden, er möge sein Heer von Sagunt abziehen. Hannibal selbst soll man vertragsgemäß den Römern ausliefern" (Livius XXI 10, 11–13).

Die Szene ist frei erfunden. Ihre Aussage ist ebenfalls unhistorisch. Daß innenpolitische Rivalitäten bis zum Landesverrat gehen konnten, denn nichts anderes hätte die Auslieferung Hannibals bedeutet, ist eine groteske Verdrehung der Realität. Mit der Evozierung von zwei verfeindeten Parteien innerhalb Karthagos entwarf die römische Kriegspropaganda eine geschickt gesponnene Legende über die Kriegsschuldfrage, die damit Hannibal allein zugeschrieben werden konnte. Wenn, wie die romfreundlichen Autoren berichten, die Stimmung in Karthago geteilt war, so heißt dies nichts anderes, als daß ein signifikanter Teil der karthagischen Bürgerschaft wie die Römer selbst dachte und, um die Krise zu entschärfen, sogar bereit war, den eigentlichen Kriegstreiber, nämlich Hannibal, auszuliefern. Aus derartigen Äußerungen spricht unverblümt die römische Kriegspropaganda. Daß die tatsächliche Situation anders geartet war, belegt die unvoreingenommene Darstellung der Ereignisse bei Polybios III 21 sowie der weitere Fortgang des Konfliktes, in dessen Verlauf Hannibal fast zwei Jahrzehnte lang die bedingungslose Unterstützung seiner Heimatstadt erhielt und zwar bis zum bitteren Ende.

Was war vorausgegangen? Als die Saguntiner die Turboleten überfielen, erklärte Hannibal, daß es karthagische Sitte sei, den Bedrängten Unterstützung zu leisten. Bevor er gegen Sagunt tätig wurde, holte er sich Instruktionen aus Karthago, und obwohl die Anhänger des Hanno gegen Hannibal opponierten (falls am Bericht des Livius etwas dran ist), ließ man ihn nach Gutdünken gewähren. Das Recht stand nicht auf seiten der Römer, deren Gesandtschaften die Karthager einschüchtern wollten. Rom handelte gegenüber Sagunt ebenso wie Hannibal gegenüber den verbündeten Turboleten. Obwohl die Römer für sich das Recht zu einem solchen Verhalten in Anspruch nahmen, verweigerten sie dem Karthager ein gleiches. Bedenkt man ferner, daß Hannibal mit der Realität der anmaßenden Politik eines unerbittlichen Gegners groß geworden war, so läßt sich begreifen, daß ein Nachgeben für ihn nicht in Frage kam. Die römischen Einmischungen in Hispanien ließen für die Zukunft wenig Gutes erwarten. Daher war für Karthago das Risiko eines Krieges das kleinere Übel – geringer jedenfalls als ein aus seiner Sicht fauler Kompromiß.

In einer Rede, die Hannibal vor seinen Soldaten hielt, als der Krieg schon begonnen hatte und die interessanterweise vom römischen Historiker Livius überliefert wird, rechnet er mit Rom folgendermaßen ab: „Dieses höchst unmenschliche und sehr hochmütige Volk [gemeint sind die Römer] will überall besitzen, überall entscheiden. Immer maßt es sich die Entscheidung an, mit wem wir Krieg führen, mit wem wir Frieden haben sollen. Es engt und schließt uns in Grenzen von Bergen und Flüssen ein, die wir nicht verlassen dürfen; und selbst achtet es die Grenzen nicht, die es setzte" (Livius XXI 44, 5).

Spätestens als der Konflikt mit Rom seinen Siedepunkt erreichte, fing Hannibal an, sich auf den unvermeidlichen Krieg vorzubereiten. Die Vor- und Nachteile der kriegführenden Parteien hielten sich die Waage. Für Rom sprach das größere Bevölkerungspotential, das es in die Lage versetzte, gewaltige Heeresverbände aufzustellen. Ferner besaß es, nach der Auslieferung der karthagischen Flotte am Ende des vergangenen Krieges, die unbestrittene Seeherrschaft. Schließlich gebot die Stadt über die italische Bundesgenossenschaft, was ihre Wehrkraft zusätzlich steigerte. Als Vorteil für Karthago könnte sich, wenn er geschickt ausgenützt würde, die geographische Zersplitterung in den Zielgebieten römischer Außenpolitik erweisen. Die römische Intervention in Illyrien zog die Feindschaft Makedoniens nach sich. Bei der Provinzialisierung Siziliens war die Rolle von Syrakus ungeklärt. Die keltischen Völker Oberitaliens bedeuteten nach wie vor eine Bedrohung für Rom. Wenn es gelang, diese potentiellen Konfliktherde zum Nutzen der karthagischen Politik zu entfachen, so würde Rom massiv unter Druck geraten. Was sicher als Gedankenspiel, das in Hannibals Kalkül gut paßte, begann, sollte immer deutlicher das Hauptthema seiner künftigen diplomatischen Bemühungen werden. Das Zustandekommen einer mittelmeerumspannenden antirömischen Allianz unter der Ägide Hannibals bildete von nun an ein Postulat der karthagischen Staatskunst. Ob es sich realisieren ließ, hing wesentlich vom Verhalten Hannibals ab.

Die stärkste Waffe für eine Auseinandersetzung mit Rom, und darüber bestand für Hannibal völlige Klarheit, war das Vertrauen auf die eigene Kraft. Alles kam auf die Einsatzbereitschaft und Leistungsfähigkeit seines Heeres an. Hannibal war von dessen Zuverlässigkeit überzeugt. Darin war er zuhause. Seine karthagischen, numidischen und hispanischen Elitetruppen waren ihm ganz ergeben. Jahrelang hatte er sie erprobt und optimiert. Die hispanische Infanterie war der römischen ebenbürtig, der numidischen Kavallerie hatten die Römer wenig entgegenzusetzen. Auch die berühmten karthagischen Kriegselefanten konnten von Bedeutung sein, vorausgesetzt, daß sie den überaus langen und beschwerlichen Weg überstanden.

Es ist denkbar, daß Hannibal aus den Kriegen der oberitalischen Kelten gegen Rom (225–222 v. Chr.) Rückschlüsse auf den aktuellen Zustand der römischen Armee erhielt. Um das erdrückende Übergewicht der römischen Fußtruppen, das auf Kosten einer Vernachlässigung der Reiterei zustande kam, auszugleichen, stärkte er die karthagische Kavallerie und machte sie zu seiner Hauptwaffe.

Nach der Eroberung Sagunts begab sich Hannibal nach Neukarthago, wo er seine Soldaten für die Wintermonate beurlaubte. Gleichzeitig intensivierte er seine Anstrengungen im Hinblick auf den bevorstehenden Kriegsausbruch. Iberische Einheiten wurden nach Nordafrika beordert und im Gegenzug kamen afrikanische Verbände nach Hispanien. Auch Karthago erhielt als Verstärkung mauretanische Söldner. Ferner verfügte er, daß im Falle seiner Abwesenheit aus Hispanien sein Bruder Hasdrubal das Kommando über die hier verbleibenden Truppen führen sollte.

Hannibals Feldzugsplan, mit dem Heer bis nach Italien vorzustoßen und dort die Entscheidung zu suchen, war einer der kühnsten und brilliantesten Entwürfe der antiken Militärgeschichte. Die Idee, den Krieg im Lande des Gegners auszutragen, war, angesichts der geographischen Imponderabilien, wenn ihr Erfolg beschieden sein würde, fast ein halber Sieg. So muß Hannibal wohl gedacht haben. Seine Überlegung war bestechend. Der Erfolg hing von der präzisen Ausführung seines Vorhabens ab. Voraussetzung dafür waren aber sorgfältige, alle Eventualitäten berücksichtigende Vorkehrungen. Um den reibungslosen Transport und die Versorgung einer umfangreichen, kampfstarken Armee über eine lange und schwierige Strecke zu ermöglichen, mußte alles gründlich vorbereitet werden. Gewaltige Pionierleistungen waren zu bewältigen, wozu es einer eingespielten Logistik bedurfte. Waffen- und Lebensmitteldepots galt es unterwegs anzulegen. Der Marsch durch zahlreiche, teils feindliche Gebiete war zu sichern. Karthagische Gesandte hatten mit Geldzahlungen oder Gewaltandrohung das Wohlwollen oder wenigstens die Neutralität der Anrainervölker zu erreichen. Mit den Feinden der Römer, den oberitalischen Kelten, mußten Absprachen getroffen werden, um die gemeinsamen antirömischen Aktivitäten zu koordinieren.

Alle diese Vorkehrungen traf Hannibal noch im Winterlager von Neukarthago (Januar bis April 218 v. Chr.). Nichts sollte dem Zufall überlassen bleiben. Doch bevor er aufbrach, um den Römern die Herrschaft im westlichen Mittelmeerraum streitig zu machen, begab er sich nach Gades, um das Melkart-Heiligtum zu besuchen. An der berühmtesten heiligen Stätte der Westphönikier erbat Hannibal die göttliche Billigung seiner Unternehmung. Der Symbolwert dieser sorgfältig inszenierten Handlung war hoch. Der phönikische Melkart wurde außerhalb des phönikischen Kulturkreises mit Herakles gleichgesetzt. Gemäß der bekannten Sage hatte einst Herakles die Herde des Geryon von Gades über die Alpen nach Italien getrieben und dort ein Strafgericht abgehalten. Auf den Spuren des Herakles würde Hannibal die diebischen Römer für ihre Freveltaten zur Verantwortung ziehen. Die Anrufung des Beistandes von Melkart-Herakles enthielt noch eine Botschaft. Hannibal, der stets eine Statuette des Gottes, die einst Alexander dem Großen gehört hatte, bei sich trug, machte sich zum Sprachrohr der von Rom bedrängten phönikisch-hellenischen Zivilisation und forderte die Griechen Siziliens und Unteritaliens sowie die Makedonen auf, es ihm gleichzutun.

Melkart-Herakles auf einer von Hannibal in Spanien geprägten Münze

Sein Appell blieb nicht ohne Wirkung. Während des 2. römisch-karthagischen Krieges gehörte ihm die Sympathie der griechischen Öffentlichkeit. Darauf antworteten die Römer mit dem Geschichtswerk des Fabius Pictor, der die römische Version des Konfliktes zum besten gab. Hannibal forderte Rom nicht nur politisch und militärisch, sondern auch ideologisch heraus.

Je größer die Aufgabe war, auf die sich Hannibal einließ, um so gewaltiger war auch der Preis, der bei ihrer Bewältigung winkte. Neben den übergreifenden Aspekten, die im Kalkül der karthagischen Politik begründet lagen, dürfen persönliche Beweggründe nicht zu gering veranschlagt werden. Ehr- und Ruhmsucht spielten für Hannibal eine wichtige Rolle, als er den wagemutigen Entschluß faßte, Rom herauszufordern.

Diese Stimmung hat Livius sehr plastisch eingefangen, als er nach dem Vorbild des griechischen Historikers Herodot in die Rolle eines Warners schlüpft und Hannibal vor seinem Abmarsch nach Rom eine Traumvision erleben läßt. Indem er von der Hybris geleitet den Hiberus überschritt, war in Livius' Augen sein Untergang besiegelt, das Kriegsglück zuungunsten der Karthager entschieden (Livius XXI 22, 6–9).

In Rom war die gegen Hannibal gerichtete Konfliktstrategie nicht unumstritten. Einige Senatoren mahnten zur Vorsicht.

Der Gruppe um Quintus Fabius Maximus erschien die Rechtsgrundlage der Kriegserklärung fragwürdig, außerdem scheute sie sich vor einem erneuten Krieg mit Karthago und erachtete den harten Konfrontationskurs, den die Cornelier und Aemilier verfolgten, als zu riskant. Aber auch in Karthago gab es warnende Stimmen. Der entschlossene politische Kurs der Barkiden war den Kreisen um Hanno schon immer ein Dorn im Auge gewesen. Zweifellos hätten sie eine Verständigung mit Rom vorgezogen. Nur war diese mittlerweile illusorisch geworden. Die Interessenkollision, die durch den römischen Weltmachtanspruch und die Dynamik der barkidischen Hispanienpolitik entstanden war, hatte die Reizschwelle einer drohenden bewaffneten Auseinandersetzung sinken lassen. Der offensive Zug, der den römischen Interventionen in Hispanien eigen war, erwies sich als Einbahnstraße in den Krieg. Zwar empfanden die Römer keine direkte Bedrohung ihrer Interessen, sie sahen aber im barkidischen Hispanien eine Machtbasis, die eine Neuauflage der traditionellen karthagischen Überseepolitik ermöglichen konnte. So beweist die römische Kriegserklärung an Karthago, wie sehr noch die Erinnerung an den 1. römisch-karthagischen Krieg nachwirkte, wie übertrieben hoch die Römer ihr Sicherheitsbedürfnis bewerteten und wie wenig sie im Gegenzug bereit waren, jede Form von fremder Machtbildung zu tolerieren.

V. Ein neuer Alexander:
Von Neukarthago bis Cannae

Die römische Überlegenheit zur See und der Mangel an einer eigenen starken Flotte zwangen Hannibal dazu, sich auf dem Landweg nach Italien zu begeben. Aus der Not machte er eine Tugend. Wie ein neuer Alexander hatte er die Feindseligkeiten eröffnet und dabei wie jener die auf seinem Weg liegenden Gebiete erobert. Als er der Iberischen Halbinsel den Rücken kehrte, waren auch ihre nördlichen Teile unter karthagischer Kontrolle. Mit fast 90 000 Fußsoldaten, mehr als 10 000 Reitern und etwa 40 Kriegselefanten war er im Frühjahr 218 v. Chr. von Neukarthago aufgebrochen. Sein Weg führte ihn über Sagunt entlang des schmalen Küstenstreifens zwischen dem Iberischen Gebirge und dem Meer. Er hatte es eilig, denn die Alpenpässe sollten in der guten Jahreszeit bezwungen werden. Dennoch verlor er einige Zeit in Nordhispanien und dies, obwohl er sich auf keine Belagerung einließ, sondern gegnerische Städte im Sturm nahm oder feindlich gesinnte Stämme durch seine Übermacht einschüchterte. Bevor Hannibal die Pyrenäen überschritt, nahm er eine Umorganisation seines Heeres vor. Zum Schutz der neuerworbenen Territorien ließ er Besatzungstruppen zurück, andere Verbände, deren Zuverlässigkeit zweifelhaft war, entließ er in ihre Heimat, und einen Teil seiner Armee schickte er seinem Bruder Hasdrubal als zusätzliche Verstärkung.

Mit dem nun neugegliederten Heer, das 40 000 Infanteristen und 10 000 Kavalleristen umfaßte, drang er in Gallien ein. Ende August konnte er die Rhône überqueren. Vor allem die Verladung der auf Flößen über den breiten Strom zu transportierenden Elefanten stellte an die Geschicklichkeit der karthagischen Pioniere hohe Anforderungen. Polybios hat uns folgenden Bericht darüber gegeben: „Indem auf die gleiche Weise immer zwei Flöße an die anderen gefügt wurden, gelang es, die meisten Tiere hinüberzubringen. Einige aber stürzten sich aus Angst mitten auf der Fahrt in den Fluß. Deren

Führer kamen sämtlich um, während die Elefanten gerettet wurden. Denn infolge ihrer Stärke und der Größe ihrer Rüssel, die sie über das Wasser emporhielten [...] hielten sie stand, obwohl sie das längste Stück unter Wasser hoch aufgerichtet gehen mußten" (Polybios III 46).

In der Zwischenzeit hatten die amtierenden römischen Consuln, Publius Cornelius Scipio und Tiberius Sempronius Longus, folgenden Kriegsplan erdacht. Sempronius sollte mit der römischen Hauptmacht nach Sizilien übersetzen und von dort aus den Krieg nach Nordafrika hineintragen, um Karthago unmittelbar zu bedrohen, während Scipio die Deckung der Nordflanke übernahm.

In der Gegend von Massalia (heute Marseille) traf Scipio auf die vorrückenden karthagischen Verbände (September 218 v. Chr.), konnte sie am Weitermarsch aber nicht hindern. Als Scipio Hannibals Absicht erkannte, machte er sich eilends nach Italien auf und schickte seinen Bruder Gnaeus mit zwei Legionen nach Hispanien, um die Versorgungsbasis der Karthager empfindlich zu stören.

Was manche Skeptiker befürchtet hatten, drohte nun einzutreten. Während Hannibal über ein beträchtliches Kriegspotential verfügte, das er geschlossen einsetzen konnte, zersplitterten die Römer ihre Kräfte. Eine Armee befand sich im Süden, bereit für den Abtransport nach Karthago, eine andere war unterwegs nach Hispanien, und noch eine weitere wurde in Oberitalien dringend gebraucht, um die Karthager aufzuhalten. Auf der anderen Seite konnten sich die Römer damit trösten, daß Hannibals Weitermarsch eine gefährliche Überdehnung seiner Versorgungslinien bedeutete, falls es ihm wirklich gelang, in Italien einzufallen. Dazwischen lagen die Alpen.

Hannibals Alpenübergang war eine Tat, die an die militärischen Leistungen Alexanders, besonders an seinen Zug durch Baktrien, erinnerte. Sie wurde schon im Altertum mit Hochachtung registriert, und bald sponnen sich Legenden um sie. Die Fakten sind viel nüchterner: Hannibal teilte sein Heer in drei Abteilungen auf, die über die Durance und den Mont Genèvre bzw. über das Isèretal und den Kleinen Sankt Bernhard nach Italien eindrangen. Zwar erlitt das karthagische Heer Verluste, aber sie waren nicht dramatisch, was vor allem der gründlichen Vorbereitung zuzuschreiben ist. Am schlimmsten erging es den Kriegselefanten, deren Mehrzahl den anstrengenden Marsch und die harte Witterung nicht überlebte. In den weiteren Zügen Hannibals spielten sie eine untergeordnete Rolle. Dennoch gelang es binnen kurzer Zeit, die karthagische Armee wieder auf nahezu volle Kampfstärke zu bringen. Außerdem erhielt Hannibal Verstärkung von den mit Rom verfeindeten Kelten. In etwa fünf Wochen bewältigte er die Strecke von der Rhône bis zur Poebene; mittlerweile war es November geworden.

Den von den Strapazen eines fast sechsmonatigen Marsches von Neukarthago nach Italien erschöpften Truppen gönnte Hannibal eine kurze Rast. Dann stieß er entlang des Potales nach Placentia (heute Piacenza) vor. Hier stand Scipio mit 20 000 Soldaten. Am Fluß Ticinus kam es zur ersten Schlacht des Krieges, die Hannibal dank der Überlegenheit seiner Kavallerie für sich entscheiden konnte. Der römische Consul Scipio wurde dabei verwundet. Es war die erste militärische Konfrontation zwischen Römern und Karthagern seit dem Ende des 1. römisch-karthagischen Krieges gewesen, und das Erstaunliche daran war, daß sich die Karthager auf dem Schlachtfeld gegen die gefürchteten römischen Truppen behaupten konnten. Eine Niederlage hätte für Hannibal den vorzeitigen Abbruch seiner Expedition bedeutet. Er riskierte mehr als sein Gegner und gewann.

Nach der Erfahrung am Ticinus vermied es Scipio, Hannibal erneut herauszufordern, zumindest nicht bevor sein Consulatskollege Sempronius, der die Invasion Nordafrikas abbrechen mußte, mit Verstärkung eintraf. Ein wesentliches Ziel der karthagischen Strategie war damit aufgegangen: Die Römer wurden von dem Krieg in Nordafrika abgehalten. Sempronius drängte auf eine rasche Entscheidung und bot, gegen Scipios Rat, Hannibal den Kampf an.

Noch im Dezember des Jahres 218 v. Chr. kam es zum Waffengang. Hannibals taktisches Geschick zwang den Römern

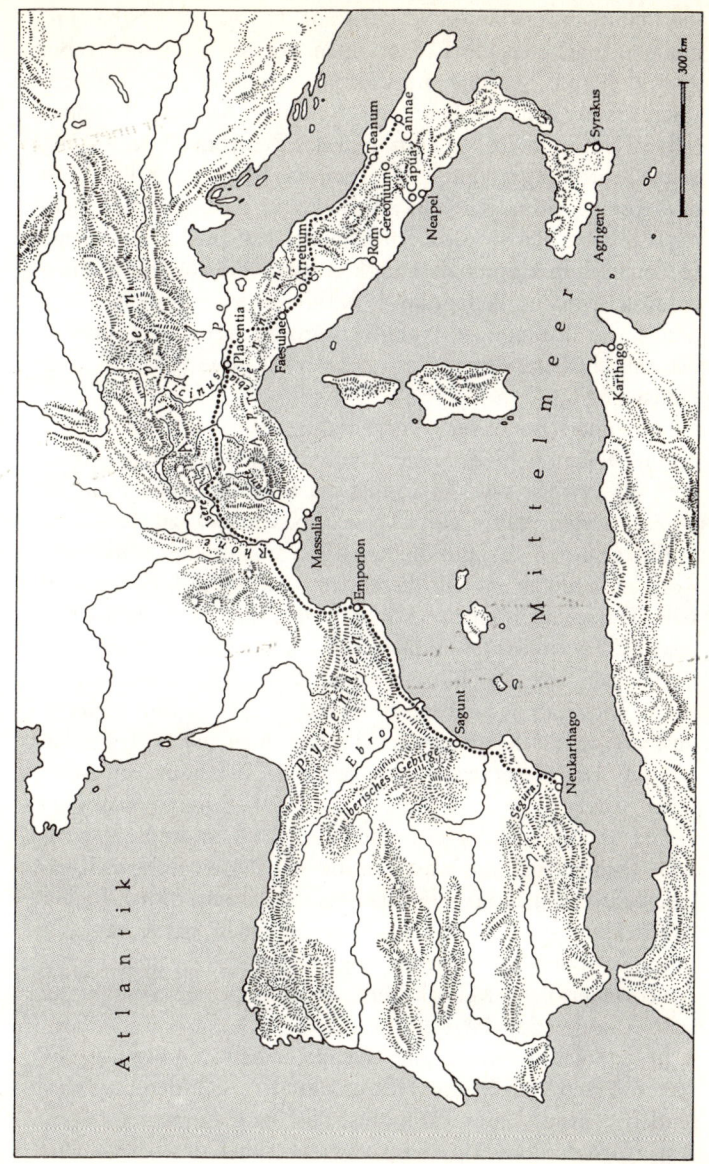

Hannibals Zug nach Italien

53

die Bedingungen für die Schlacht auf. Sie waren denkbar ungünstig. Nachdem die Römer einen Vorstoß über die Trebia gewagt hatten, wurden die Legionen eingekreist und manövrierunfähig gemacht. Hannibals Reiter vernichteten die römischen Flügel und die Nachhut. Nur das Zentrum der römischen Schlachtordnung konnte sich durch die Flucht nach Placentia in Sicherheit bringen. Mehr als die Hälfte des römischen Heeres war zerrieben worden. Außerdem geriet eine große Menge Gefangener in Hannibals Hand. Aufschlußreich ist die ihnen zuteil gewordene Behandlung. Während den römischen Bürgern harte Bedingungen auferlegt wurden, schickte Hannibal die italischen Bundesgenossen der Römer ohne Lösegeld nach Hause.

Die unterschiedlichen Vorgehensweisen verkündeten eine unmißverständliche Botschaft: Hannibal wollte von den Italikern als Befreier von der römischen Hegemonialmacht angesehen werden. Um dieser Absicht Nachdruck zu verleihen, sandte er Boten aus, um die italischen Völker zum Abfall von Rom zu veranlassen. Auf diesen Umschwung hoffte Hannibal sehr. Trat er nicht ein, so könnte sein Feldzug ein Fehlschlag werden. Die italischen Völker verhielten sich ihm gegenüber jedoch skeptisch. Die Bündnisse mit Rom hielten zunächst.

Dennoch sah es zu Beginn des Jahres 217 v. Chr. nicht so aus, als ob die karthagischen Operationen ins Leere laufen würden. Das Gegenteil war der Fall: Die Aufregung auf römischer Seite war groß. Während Hannibals Feldzug nach Plan verlief und er in Bologna überwinterte, hoben die Römer frische Truppen aus und waren ratlos, wie der ständig wachsenden Bedrohung Einhalt geboten werden könnte. Im Frühjahr nahm Hannibal seinen Marsch nach Süden wieder auf. Er überquerte den Apennin und zog entlang des Mittellaufs des Arno weiter. Beim Marsch über ein Sumpfgebiet erkrankte er schwer und verlor dabei ein Auge.

In Faesulae (heute Fiesole) machte er halt und ließ das Gebiet von Arretium (heute Arezzo) plündern, um den dort weilenden Consul, Gaius Flaminius, aus der Reserve zu locken. Am Nordufer des Trasimenischen Sees lief der unbedachte

Flaminius Hannibal in die Falle. Das römische Heer wurde auf einer engen Küstenstraße von den ihm auflauernden Karthagern überrascht und vollständig geschlagen. Mehr als 15 000 römische Soldaten fielen in der Schlacht, unter ihnen befand sich Flaminius, über 10 000 kamen in Gefangenschaft. Mit ihnen verfuhr Hannibal wie im vorangegangenen Jahr nach der Schlacht an der Trebia. Er ließ die Italiker nach Hause ziehen und erhoffte sich Werbedienste für die karthagische Sache. Auf dem Weitermarsch nach Süden erreichte er in Picenum die Adria. Seit dem Frühjahr 218 v. Chr., als das karthagische Heer die osthispanische Küstenregion verlassen hatte, war das Mittelmeer nun wieder in Sichtweite Hannibals geraten. Danach näherte er sich den fruchtbaren Ländereien Apuliens, die er seinen Truppen zur Plünderung überließ.

Nach den erlittenen Niederlagen herrschte in Rom blankes Entsetzen. Tagelang debattierte man im römischen Senat ohne Unterbrechung. Der Ruf nach Lösungen und Erfolgen wurde laut. Vor allem wünschte man sich eine besonnene Kriegführung. Diese versprach man sich von Quintus Fabius Maximus, und so wählte ihn das Volk zum Diktator, ein Ausnahmeamt, das die höchste ausführende Gewalt für die begrenzte Dauer von sechs Monaten in sich vereinigte. Als Gehilfe unterstellte man ihm den Magister equitum (Befehlshaber der Reiterei) Marcus Minucius Rufus; dieser war ebenso wie Fabius ein ehemaliger Consul und besaß ebenfalls militärische Erfahrung. Doch unterschiedlicher konnten beide Charaktere nicht sein: Fabius war sanft und behutsam, Minucius hitzig und verwegen.

Als erstes änderte Fabius Maximus die römische Kriegsstrategie. Ihn drängte es nicht, sich den Karthagern zu stellen, wie es seine Vorgänger getan hatten, die Hannibal übereilt Schlachten auf ungünstigem Gelände angeboten und verloren hatten. Er ließ sich Zeit. Er nutzte sie, um die angeschlagene Moral der römischen Truppen durch Übungen zu heben und den günstigen Augenblick für die nächste militärische Auseinandersetzung selbst zu bestimmen.

Inzwischen konnte sich Hannibal ungehindert durch Apulien und Campanien bewegen und diese reichen Gegenden nach

Belieben verwüsten, da sich Fabius Maximus zurückhielt. Nach langem Warten sah dieser endlich die Möglichkeit gekommen, seine Defensivstrategie aufzugeben und Hannibal, der beim Übergang über den Volturnus unweit von Teanum eingekreist werden konnte, in eine Schlacht zu verwickeln. Dieser soll darauf mit einer List geantwortet haben: Er trieb eine Herde Ochsen mit Brandfackeln an den Hörnern in der Nacht auf das römische Lager zu. Die Wachmannschaft auf der Paßstraße, die den Abzug der Karthager verhindern sollte, geriet in Panik, verließ ihren Posten und bekämpfte die karthagische Abteilung, die die Herde begleitete. Die entstandene Verwirrung nutzte Hannibal, um sich aus der Umklammerung des Fabius Maximus zu retten, der es nicht gewagt hatte, in der Nacht sein Lager zu verlassen und Hannibal zu bekämpfen. Es sei dahingestellt, ob diese Episode wörtlich zu nehmen ist (Polybios III 93–95). Jedenfalls diente sie der Kontrastierung zwischen der Beweglichkeit Hannibals und der Bedächtigkeit des Fabius, der deshalb als *Cunctator* (Zauderer) in die Geschichtsbücher eingegangen ist.

Die Kritik an der Kriegführung des Fabius wurde immer lauter. In seinem ihm untergeordneten Magister equitum, Minucius Rufus, sahen viele eine bessere Alternative, und so wurde dieser Fabius gleichgestellt. Minucius Rufus wollte durch eine wesentlich offensivere Gangart für eine Wende des Krieges sorgen. Das römische Heer wurde unter beide Befehlshaber aufgeteilt. In der Nähe von Gereonium forderte Minucius Rufus Hannibal heraus. Der karthagische Oberkommandierende, der über die Spannungen im römischen Lager unterrichtet war, griff ihn an und bereitete ihm eine Niederlage, die noch deutlicher ausgefallen wäre, wenn nicht die Armee des Fabius Maximus den fliehenden Einheiten des Minucius Rufus Deckung geboten hätte. Die behutsame Strategie des Fabius Maximus hatte sich zwar als die bessere erwiesen, doch auf Dauer konnten die Römer damit nicht zufrieden sein.

Die Diktatur des Fabius Maximus ging zu Ende. Sie hatte nicht den erhofften Durchbruch in der Kriegführung gebracht.

Diesen wollten die Consuln des Jahres 216 v. Chr., Gaius Terentius Varro und Lucius Aemilius Paullus, mit aller Macht erzwingen. Zum ersten Mal in der römischen Geschichte wurde ein aus acht Legionen bestehendes Heer aufgestellt, dem sich die Aufgebote der italischen Bundesgenossen anschlossen. Insgesamt etwa 90000 Mann auf römischer und etwa 50000 Mann auf karthagischer Seite sollten aufeinandertreffen. Niemals zuvor war eine derartig gewaltige Heeresmacht für eine einzelne Schlacht mobilisiert worden.

Hannibal, der die Entwicklung in Rom aufmerksam verfolgte, bereitete sich auf die unvermeidliche Auseinandersetzung vor. Er besetzte den römischen Stützpunkt Cannae, am Fluß Aufidus in einem flachen Gelände gelegen, was der Entfaltung der karthagischen Kavallerie entgegenkam. Da er die durchschlagende Stoßkraft der römischen Legionen kannte, vor allem wenn sie in einer solchen Massierung auftraten, wie zu erwarten war, mußte er sich etwas Besonderes einfallen lassen, um bestehen zu können. Daher stellte er gegenüber dem römischen Schlachtzentrum eine ausgedehnte halbkreisförmige, aus Hispaniern und Galliern bestehende Infanterieformation auf, mit dem Auftrag versehen, die Wucht des römischen Ansturms aufzuhalten und geordnet zurückzuweichen. Er selbst hielt sich in dem Gefechtsabschnitt auf, der die größte Belastung zu erwarten hatte. Den Angriff sollten die afrikanischen Truppen an den Flanken führen, wobei der Reiterei eine entscheidende Rolle zukam. Numidische, hispanische und gallische Kavalleristen mußten die römischen Reiter schlagen und danach die rückwärtigen römischen Linien von hinten aufrollen. Von ihrem Einsatz hing der Erfolg des Planes ab.

Am Tag der Schlacht (vermutlich der 2. August 216 v. Chr.) ging Hannibals Taktik auf. Den Karthagern glückte alles. Die römischen Truppen wurden ausmanövriert, eingekreist und niedergeworfen, ohne daß sie sich zu großer Gegenwehr aufraffen konnten. Ungeheuer groß waren die Verluste der Römer. Mehr als 70000 Mann sollen umgekommen sein, darunter der Consul Lucius Aemilius Paullus. Über 10000 Legionäre gerieten in karthagische Gefangenschaft. Nur wenigen gelang

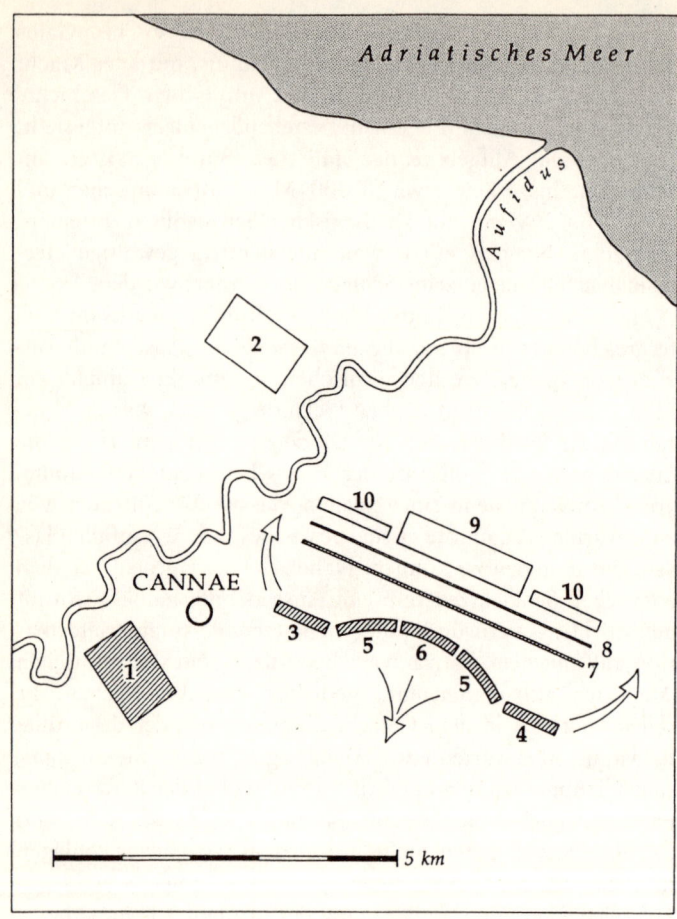

1 Lager der Karthager
2 Lager der Römer
3 Schwere Reiterei der Karthager
4 Leichte Reiterei der Karthager
5 Afrikanisches Fußvolk
  der Karthager

6 Iberisches und gallisches Fußvolk
  der Karthager
7 Karthagische Leichtbewaffnete
8 Römische Leichtbewaffnete
9 Römische Legionen
10 Römische Reiterei

Schema der Schlacht von Cannae (216 v. Chr)

die Flucht. Unter ihnen befand sich der Consul Gaius Terentius Varro. Hannibals Verluste waren dagegen verhältnismäßig gering.

Der Mythos von der Unbesiegbarkeit der römischen Legionen war endgültig dahin. Durch strategisches Geschick und taktische Flexibilität führte Hannibal vor, wie ein zahlenmäßig weit überlegener Gegner bezwungen werden konnte.

War Hannibal ein Liebling der Götter? Waren die karthagischen Himmelsbeschützer die Stärkeren? Diese Frage mußte sich angesichts seiner spektakulären Erfolge stellen, um so mehr als die römische Geschichtsschreibung ihn mit dem Vorwurf der Irreligiosität belegte (Livius XXI 4). Aufschlußreich ist die Schwurformel des bald nach dem Sieg von Cannae zwischen Hannibal und Makedonien abgeschlossenen Vertrages, aus der die religiöse Bekräftigung von Hannibals Taten durchschimmert. In der Urkunde lesen wir: „Vor Zeus, Hera und Apollo, vor dem Genius von Karthago, Herakles und Iolaos, vor Ares, Triton und Poseidon, vor den Göttern, die auf unserem Feldzug mit uns sind, und Sonne, Mond und Erde, vor den Flüssen, Häfen und Wassern, vor allen Göttern, die über Karthago gebieten, vor allen Göttern, die über Makedonien und das übrige Griechenland gebieten, vor allen Göttern, die uns auf dem Feldzug begleiten, so viele über diesen Eid wachen" (Polybios VII 9).

Der Tag von Cannae war der schwärzeste Tag der römischen Geschichte. Die Niederlage war vollständig. Die Römer verfügten nun in Italien über keine nennenswerten Truppenverbände mehr. Hannibal stand im Zenit seiner Machtentfaltung. Im Kriegsrat, den der siegreiche Feldherr einberufen hatte, sollen einige seiner Offiziere ihn aufgefordert haben, nach Rom zu marschieren. Es sei dahingestellt, ob die oft kolportierte Äußerung des Befehlshabers der karthagischen Kavallerie, Maharbal, „zu siegen verstehst du Hannibal, den Sieg zu nutzen verstehst du nicht!" (Livius XXII 51), überhaupt historisch ist.

Hannibal hatte andere Pläne. Er unterließ den Angriff auf Rom gerade zu dem dafür geeignetsten militärischen und psychologischen Zeitpunkt und beging damit vermutlich den ersten und gleichsam folgenreichsten Fehler des gesamten Krieges. Ob die unangenehmen Erfahrungen der langwierigen Belagerung Sagunts noch nachwirkten oder ob Hannibal sich angesichts der Struktur seines Heeres diese Aufgabe nicht zutraute, läßt sich nicht mehr klären. Die Belagerung nicht einmal versucht zu haben, war vielleicht eine verhängnisvolle Unterlassung, die sich für Hannibal bitter rächen sollte. Tatsache ist, daß andere, vergleichbare Armeen solche Herausforderungen angenommen und erfolgreich abgeschlossen haben. Dies beweist etwa die einige Jahre später erfolgte Eroberung von Syrakus durch Claudius Marcellus, einer Stadt, die von keinem besseren Heer, als es Hannibal nach Cannae befehligte, erstürmt wurde und überdies wesentlich stärker befestigt und schwerer einzunehmen war als Rom; die Einnahme Tarents durch Fabius Maximus wäre als weiteres Beispiel anzuführen. Doch diesen Ansichten liegt eine einseitige Sicht bezüglich des Verlaufs und der Folgen der Schlacht bei Cannae zugrunde. Ihre Hauptzüge lauten wie folgt: Der zahlenmäßig weit überlegenen Masse frontal angreifender römischer Truppen begegnete Hannibal mit einer flexiblen Taktik, die sich durch Beweglichkeit und Ausnützung des Geländes auszeichnete. Obwohl den ungeheuren römischen Verlusten nur vergleichsweise geringe Einbußen auf karthagischer Seite gegenüberstanden, wagte es Hannibal nicht, die Gunst des Augenblicks auszunützen. Indem er jedoch Rom verschonte, verschenkte er den fast schon errungenen Sieg. So oder ähnlich klingt die Quintessenz, die sich aus den vorhandenen Stellungnahmen der antiken und modernen Autoren entnehmen läßt. Die Frage ist, ob sich dies alles genau so zugetragen hat, wie unsere Gewährsleute nahelegen. Jedenfalls gibt es nicht eine, sondern vielmehr zwei mögliche Lesarten hinsichtlich der hier zur Debatte stehenden Ereignisse und deren Folgen. Die vorherrschende Ansicht sieht in Cannae einen überwältigenden Sieg Hannibals, der letztlich durch seine Unentschlossenheit nachträglich verspielt wurde. Hannibal, so lautet der häufig erhobene Vorwurf, hätte nach dem römischen Debakel den Krieg durch die Einnahme Roms beenden können. Daß er sich dazu nicht aufraffen konnte, so wird gefolgert, erweist ihn als einen zwar militärisch fähigen, aber letztlich mit politischer Blindheit geschlagenen Troupier. Darüber hinaus läßt die Größe der Niederlage die Gloriole Roms heller erstrahlen, es erscheint als ein Gemeinwesen sui generis, das selbst derartige Schläge nicht nur verkraftet, sondern sogar ins Gegenteil verkehren kann.

Die andere, der historischen Realität wohl näher kommende Lesart muß die Tragweite von Cannae nüchterner beurteilen. Zwar konnte sich Hannibal auf dem Schlachtfeld behaupten und einen glänzenden taktischen Sieg davontragen, aber die sicherlich bittere Niederlage des römischen Heeres wurde mit beträchtlichen eigenen Verlusten erkauft. Hannibals Einbußen waren größer als ein rein numerischer Vergleich zwischen den Potentialen beider Gegner verdeutlichen kann. Die karthagische Armee war nach dem gewaltigen Zusammenprall mit den in Cannae bezwungenen Legionen ebenfalls geschwächt. Eine offensive Kriegführung alten Stils konnte sich Hannibal danach nicht mehr leisten. Daß er es vermied, nach Rom zu ziehen, ist einerseits ein Hinweis auf die verminderte Schlagkraft seines Militärpotentials, andererseits eine Folge der Auswertung seiner nachrichtendienstlichen Informationen, die ihm die Aussichtslosigkeit eines derartigen Unterfangens verdeutlicht haben dürften. Die Suche nach politischen Lösungen, die Hannibal nach Cannae energisch betrieb, ist nicht ein Beleg für seine staatsmännische Unbeholfenheit, sondern zeugt genau vom Gegenteil. Die Situation war ihm aufgezwungen worden, und er versuchte, die beste Lösung zu finden. Die Gewinnung neuer Bundesgenossen verschaffte ihm eine nötige Atempause (Livius XXII 61). Die Römer wurden dadurch gezwungen, ihr bald nach Cannae frisch formiertes Heer zu teilen und sich an mehreren Fronten gleichzeitig zu schlagen. Spätestens ab diesem Zeitpunkt trugen die Karthager die Last des Krieges nicht mehr allein. Die von Hannibal von Anfang an konsequent betriebene ideologische Kriegführung gegen Rom trug nun reiche Früchte. Sie erlaubte ihm die

Verwirklichung seines politisch-militärischen Credos: die Fortsetzung des Krieges auf italischem Boden. Dies hatte zur Folge, daß Nordafrika von den Schrecken des Krieges verschont blieb. Für Hannibal, der als Knabe Zeuge der Belagerung Karthagos durch die aufständischen Söldner gewesen war, bedeutete dies zu erreichen mehr als die bloße Erfüllung eines strategischen Planes.

Sollte Hannibal wegen des Debakels von Cannae römische Friedensbereitschaft erwartet haben, so verrechnete er sich gründlich. Sein Konzept, Rom nicht direkt, sondern indirekt, sozusagen an den Rändern zu schwächen, war der umständlichere Weg, auch wenn sich im Augenblick erste Erfolge in dieser Richtung abzeichneten. Unter dem Eindruck des Sieges von Cannae schlossen sich einige Städte Samniums, Lukaniens, Bruttiens und Apuliens den Karthagern an. Besonders wichtig war aber, daß das wohlhabende campanische Capua, die zweitgrößte Stadt Italiens, inmitten der fruchtbarsten Landschaft der Apenninhalbinsel gelegen, von Rom abfiel und zu Hannibal überlief.

Sehr häufig war der Parteiwechsel mit innenpolitischen Veränderungen und sozialen Kämpfen verbunden. Die Unzufriedenheit der von den Auswirkungen der römischen Hegemonie politisch, wirtschaftlich und sozial Benachteiligten machte sich in einer Hinwendung zu Hannibal Luft.

Doch auf dem Höhepunkt seines Erfolges mußte Hannibal erkennen, daß die Abfallbewegung von Rom bald an ihre Grenzen stieß. Die Latiner, Etrusker, Sabiner, Umbrier und Picentiner sowie die Mehrzahl der Campaner hielten Rom die Treue. Die wichtige Hafenstadt Neapel widerstand mehreren Versuchen Hannibals, ihrer habhaft zu werden.

Vier bedeutende Siege (am Ticinus, an der Trebia, am Trasimenischen See, bei Cannae) hatte Hannibal seit seinem Erscheinen in Italien errungen, wobei der letzte für die Römer katastrophale Ausmaße annahm, und dennoch beugte sich Rom nicht. Spätestens damals festigte sich bei ihm die Überzeugung, daß die politische Macht der Tiberstadt nicht durch militärische Niederlagen zu brechen war.

In den etwas mehr als zwei Jahren seit seinem Aufbruch aus Neukarthago hatten die aufsehenerregenden Taten Hannibals die Welt in Staunen versetzt. Weder die Natur noch die Hilfsmittel des mächtigsten Staates dieser Zeit konnten ihn aufhalten. Welche Wirkung hatten diese beispiellosen Erfolge auf seine Persönlichkeitsstruktur? Haben sie ihn verändert? Diese und ähnliche Fragen lassen sich schwer beantworten, denn die antiken Autoren erzählen fast nichts über die Persönlichkeit des Mannes, der die Welt in Atem hielt. Wir wissen nicht, wie er etwa auf den Verlust seines Auges reagierte oder welche Gefühlsäußerungen er nach dem Sieg bei Cannae zeigte oder wie er die fast unmenschlichen Belastungen aushielt, denen er dauernd ausgesetzt war. Das Wenige, was sich in Erfahrung bringen läßt, hängt immer mit seiner öffentlichen Tätigkeit zusammen. Selbst die Aussprüche, die ihm zugeschrieben werden oder auf ihn verweisen, beziehen sich nur auf Hannibal als Feldherrn (Plutarch, Leben des Fabius Maximus 15, 16). Polybios würdigt Hannibals Leistungen folgendermaßen: „Für all das, was Römern und Karthagern begegnete, war ein Mann verantwortlich, ein überragender Geist und Wille, Hannibal. In Italien hatte er die Führung. Die Dinge in Iberien lenkte er durch seine Brüder Hasdrubal und Mago. In Sizilien waren seine Beauftragten zuerst Hippokrates und sein Bruder, später der Libyer Myttonos. In ähnlicher Weise war er in Griechenland und Illyrien tätig. Von dort her bedrohte er die Römer, setzte sie in Schrecken und lenkte sie durch seine Zusammenarbeit mit Philipp ab. Etwas so Großes und Bewunderungswürdiges ist ein Mann, dessen Geist durch die ihm in die Wiege gelegten Gaben die rechten Fähigkeiten besitzt, um alles zu vollbringen, was er sich vorgenommen hat, soweit Menschenkraft dies vermag" (Polybios IX 22).

Dieser außergewöhnliche, siegreiche Feldherr hatte in einem ähnlichen Alter wie einst Alexander, der wiederholt die Perser schlug und ihren Staat vernichtete, den stolzen, machtbewußten römischen Staat empfindlich getroffen. Doch nach Cannae verläuft die Karriere des Karthagers anders als die des Makedonen. Im Gegensatz zu Alexander, der die Machtzentren des gewaltigen und heterogenen Perserreiches, Susa und Persepolis, einnahm, zog Hannibal weder als Sieger in Rom ein, noch war Rom das Perserreich.

Hannibal hatte für die Unabhängigkeit Karthagos zur Waffe gegriffen. Das Vorbild dafür bot das politische System der hellenistischen Staaten, das durch die Herstellung eines Gleichgewichts der Kräfte die Bildung einer allmächtigen Hegemonialmacht verhindern konnte und die Existenz mehrerer in Konkurrenz zueinander stehenden Gemeinwesen ermöglichte. Daß sich Rom nicht in ein solches Korsett einspannen ließ und kategorisch dagegen sträubte, ist eine Erfahrung, die Hannibal erst (wohl zu spät für ihn) auf dem Höhepunkt seiner Erfolgskurve unmittelbar nach Cannae machen mußte. Eine aufschlußreiche Paradoxie kennzeichnet die Situation: Niemals zuvor stand Rom so nahe am Abgrund und gleichzeitig Hannibal so meilenweit von einem Sieg entfernt.

VI. Hannibal ante portas: Rom wehrt sich

Als nach der Katastrophe von Cannae der von Hannibal besiegte römische Consul Terentius Varro nach Rom zurückkehrte, wurde er nach Aussage des Livius (XXII 61, 14) folgendermaßen empfangen:

„Gerade in dieser Stunde der Not beseelte die Bürgerschaft eine so erhabene Gesinnung, daß sehr viele Menschen aller Stände dem Consul bei seiner Rückkehr trotz einer so schweren Niederlage, für die er selbst doch einen beachtlichen Teil der Verantwortung trug, entgegengingen und ihm dafür dankten, daß er den Staat nicht ganz aufgegeben habe. Als Heerführer Karthagos hätte er jede Strafe zu gewärtigen gehabt."

Dieser nachträglich abgefaßte Lagebericht dokumentiert jenseits des Pathos, mit der die Szene beschrieben wird, eine unleugbare historische Realität: den römischen Selbstbehauptungswillen. Roms Widerstandskraft war nach Cannae nicht gebrochen. Ansonsten ist das in den Beteuerungen des römischen Historikers eingefangene Ambiente zu relativieren. Dem Leser soll der römische Großmut vorgeführt bzw. die Solidarität der Römer in einer Notlage verdeutlicht werden und im Gegensatz dazu die karthagische Kleinlichkeit. Der Kontrast zwischen der dieser Episode unterlegten Gelassenheit der römischen Politik dieser Tage und der Wirklichkeit könnte jedoch kaum größer sein.

Tatsächlich breitete sich auf die Nachricht vom Desaster bei Cannae Panik in Rom aus. Die Furcht vor dem unmittelbaren Auftauchen Hannibals vor den Stadtmauern Roms war groß. Verzweiflung, Aufgeregtheit, religiöser Fanatismus, blinde Wut und abergläubische Angst, die sich im Vollzug von Menschenopfern (bezeichnenderweise waren die Opfer Fremde) entluden, kennzeichneten die vorherrschende Stimmung.

Die Bitternis der Niederlage vermochte jedoch auch nach und nach Rom zur Besinnung kommen zu lassen. Unter dem Schock der von Hannibal drohenden Gefahr begrub man innenpolitische Kontroversen und stand fester zusammen als zuvor. Senat und Volk zeigten von dieser Zeit an Entschlossenheit sowie eine zuvor vermißte Einigkeit. Die vom Senat vorgeschlagenen Kandidaten für die hohen Kommandoposten wurden vom Volk in der Regel gutgeheißen. Die Auswahl berücksichtigte weniger politische Kriterien, sondern vor allem militärische Befähigung. Bewährte Männer wie Quintus Fabius Maximus oder später Marcus Livius Salinator wurden reaktiviert, erprobte Begabungen wie Marcus Claudius Marcellus, Quintus Fulvius Flaccus, Gaius Claudius Nero, vor allem aber der jüngere Publius Cornelius Scipio in den Dienst des Staates gestellt. Die Mobilisierung aller erdenklichen Ressourcen – zu Wasser und zu Lande – ermöglichte wiederum die Bereitstellung eines beträchtlichen Militärpotentials.

Fast 20 Legionen waren bereits ein Jahr nach Cannae wieder im Einsatz. Dieses gewaltige Kriegsinstrument durfte nie mehr durch Unerfahrenheit, Übermut oder Überstürzung leichtsinnig aufs Spiel gesetzt werden. Daher war die einhellige Meinung, es gegen Hannibal erneut mit einer vorsichtigen, das eigene Risiko gering haltenden Ermattungsstrategie zu versuchen, wie es schon Fabius Maximus vorexerziert hatte.

Durch ihre zahlenmäßige Überlegenheit an Mannschaften waren die Römer in der Lage, gleichzeitig mit mehreren Armeen in Italien zu operieren. Das römische Haupttheer blieb Hannibal auf den Fersen. Es hatte den Auftrag, ohne eine offene Feldschlacht anzubieten, seinen Bewegungsspielraum einzuschränken. Die anderen römischen Heere griffen die neuen Bundesgenossen der Karthager an oder versuchten den Abfall von Mitgliedern der römischen Wehrgenossenschaft zu verhindern.

Auf Dauer konnte sich Hannibal in Italien nur halten, wenn er ausreichenden Truppennachschub aus Karthago und Hispanien erhielt. Die erste Möglichkeit wurde durch die Überlegenheit der römischen Seestreitkräfte stark beeinträchtigt. Um die zweite Variante – Hilfsmittel aus Hispanien – zu vereiteln, war Rom gezwungen, seine Kriegsanstrengungen in Hispanien zu intensivieren.

Bereits im Sommer des Jahres 218 v. Chr. war Gnaeus Cornelius Scipio mit einem Armeekorps an der hispanischen Ostküste unweit der Pyrenäen gelandet. Es kam zu einer Reihe kleinerer Gefechte. Den Karthagern gelang es nicht, die Römer zu verdrängen. So wie Hannibal durch seine Präsenz in Italien die italische Bundesgenossenschaft zu sprengen trachtete, so wollten die Scipionen durch eine Machtdemonstration in Iberien die Bande der hispanischen Völker zu den Karthagern lockern. Dies betraf vor allem die strategisch wichtigen nordhispanischen Küstenregionen, die erst in letzter Zeit unter karthagischen Einfluß geraten waren. Hier vermochten sich die Römer auf Dauer zu behaupten.

Im darauffolgenden Jahr kam es an der Ebromündung zu einer Seeschlacht, bei der die Massalioten auf römischer Seite kämpften. Beiden gemeinsam gelang es, die Karthager aus Nordhispanien zu vertreiben. Die Scipionenbrüder (inzwischen war der Consular, d. h. der ehemalige Consul, Publius Scipio ebenfalls nach Hispanien beordert worden) taten alles, was in ihrer Macht stand, um den Nachschub der Karthager für den in Italien stehenden Hannibal zu unterbinden und waren dabei recht erfolgreich. Hannibals Bruder Hasdrubal, der den Oberbefehl in Hispanien führte, konnte wenig dagegen ausrichten. Insgesamt betrachtet, verliefen die ersten zwei Kriegsjahre in Hispanien unter völlig anderen Vorzeichen als auf dem italischen Hauptschauplatz. Während hier Hannibal mit unterlegenen Kräften den Römern eine Niederlage nach der anderen bereitete, gelang es den Scipionen, einen römischen Stützpunkt in Hispanien anzulegen und zu behaupten sowie die dort operierenden karthagischen Armeen in Schach zu halten.

Das Geschlecht der Scipionen trat damals ins Rampenlicht der Öffentlichkeit. Analog zu den Barkiden, die als Exponenten der karthagischen Überseepolitik galten, sollten Mitglieder der Scipionenfamilie von nun an die römische Hispanienpolitik entscheidend gestalten. Daß Hispanien als Nachschubbasis für Hannibal teilweise ausgeschaltet, später gar von Rom gewonnen werden konnte, ist als Leistung der Scipionen zu verbuchen.

Der Krieg zog sich in die Länge. Dieses Faktum dürfte gerade Hannibal nicht verborgen geblieben sein. Solange er sich in Feindesland ungehindert aufhalten sowie auf die Hilfe Karthagos rechnen konnte und seine hispanischen Stützpunkte intakt blieben, bestand kein Grund zur Beunruhigung. Noch waren die Römer die Leidtragenden. Einerseits hatten sie die ständige Plünderung Italiens zu ertragen, manche Landstriche erholten sich auch später kaum von den erlittenen Verwüstungen. Ferner mußten die Römer um den Bestand ihrer italischen Bundesgenossenschaft bangen. Schließlich schwebte über ihnen das Damoklesschwert einer erneuten vernichtenden Niederlage. Hannibals Ziel war folglich, diese für Rom durchaus unangenehme Lage zu verschärfen. Auf keinen Fall durften die Römer die Initiative im Krieg erlangen. Um dies zu verwirklichen, schien Hannibal kein Mittel geeigneter, als die Gewinnung von außeritalischen Bundesgenossen, die, wie er selbst, im Streit mit Rom lagen.

Der Makedonenkönig Philipp V. war seit den wiederholten römischen Interventionen in Illyrien den Römern nicht wohlgesonnen, befürchtete er doch von ihnen eine allzu aktive Politik innerhalb seines engeren Einflußbereiches. Deshalb kam es unter dem Eindruck der überwältigenden karthagischen Erfolge in Italien zum Abschluß eines Bündnisses zwischen Hannibal und Philipp V., das von den karthagischen Ratsherren in der Umgebung Hannibals mit unterschrieben wurde. Die wichtigste Klausel war eine gegenseitig zugesicherte Unterstützung im Krieg gegen Rom. Sowenig die karthagisch-makedonische Allianz für Hannibal direkte positive Akzente setzen konnte – wertlos war sie nicht. Sie diente den Karthagern insoweit, als Rom gezwungen wurde, sich zusätzlich im adriatischen Raum zu engagieren.

Der von Polybios (VII 9) überlieferte Vertrag zwischen Hannibal und Philipp V., der auf dem Höhepunkt der karthagischen Machtentfaltung (215 v. Chr.) zustande kam, ist das einzig verfügbare Dokument, um Hannibals politische Absichten zu erschließen. Sein Wortlaut verdeutlicht, daß er keinesfalls mit der Vernichtung Roms rechnete. Nicht einmal die römische Hegemonie über einen Großteil Italiens wurde in Frage gestellt. Hannibal hatte keine Einwände gegen einen mächtigen, wohl aber gegen einen übermächtigen römischen Staat. Nicht Weltherrschaftsgedanken, sondern das Prinzip des Gleichgewichts der Mächte, wie es im hellenistisch geprägten Ostteil des Mittelmeers verwirklicht wurde, scheint seine Pläne für die künftige Gestaltung der politischen Verhältnisse im westlichen Mittelmeerraum bestimmt zu haben. Hannibals politische Konzepte zeigen sich frei vom Überschwang des Augenblicks. Sein Blick wurde keinesfall durch seine jüngst errungenen, sensationellen Erfolge getrübt. Vielmehr zeichnen sich seine Gedanken durch eine realistische Einschätzung der eigenen und der gegnerischen Machtpotentiale aus.

Erheblich mehr Bedeutung als der Allianz mit Makedonien kam dem Umschwung zu, der sich in Syrakus nach dem Tode des Königs Hieron anbahnte. Dieser war seit dem Anfang des 1. römisch-karthagischen Krieges ein treuer Bundesgenosse der Römer gewesen.

Nach einer Kette von Aufständen und innenpolitischen Konvulsionen, die von Hannibal sorgfältig registriert wurden, ergriff Syrakus für die Karthager Partei. Im Heer Hannibals dienten einige Syrakusaner, die gleichzeitig das karthagische Bürgerrecht besaßen. Es ist denkbar, daß gerade sie eine maßgebliche Vermittlerrolle spielten (Polybios VII 2). Die von Hannibal dorthin gesandten Vertrauensleute Hippokrates und Epikydes wurden zu Strategen gewählt. Dieses Revirement der syrakusanischen Politik beeinflußte den Kriegsverlauf, weil die Römer sich nun genötigt sahen, ihre Militärpräsenz auf Sizilien zu verstärken. Bald wurde auch Syrakus in die kriegerischen Auseinandersetzungen direkt verwickelt.

Damit war eine neue Front entstanden. Aus dem ursprünglichen Italienzug Hannibals war ein globaler Konflikt geworden, der die gesamte Mittelmeerwelt in Mitleidenschaft zog. Betrachten wir die Lage, die sich während des Kriegsjahres 215/4 v. Chr. bot, so fällt als erstes eine Erweiterung des Kampfgebietes auf.

In Hispanien standen starke karthagische Heeresverbände den Legionen der Scipionen gegenüber. In Süditalien operierte das karthagische Hauptheer unter Hannibal. Es wurde verfolgt von den Legionen der Consuln Quintus Fabius Maximus und Tiberius Sempronius Gracchus. Die römische Flotte hatte alle Hände voll zu tun, um die karthagischen Konvois abzufangen, die der Versorgung der Truppen des Hasdrubal in Hispanien und der italischen Armee des Hannibal dienten. Ferner schickte Karthago eine Expedition nach Sardinien, um die Römer von der Insel zu vertreiben. Appius Claudius Pulcher und Marcus Claudius Marcellus kämpften gegen karthagische Söldner in Sizilien und begannen mit der Belagerung von Syrakus. Schließlich tauchte eine römische Flotte unter Marcus Valerius Laevinus vor der griechischen Westküste auf, um Philipp V. von Makedonien von Feindseligkeiten gegen Rom abzuhalten.

Von Südhispanien bis Makedonien, von Nordafrika bis zu den Alpen erstreckten sich die Schlachtfelder des Krieges. Mit dessen räumlicher Ausweitung läßt sich zugleich ein Tempowechsel beobachten. Aus dem Bewegungskrieg, den Hannibal eröffnet hatte, entwickelte sich allmählich ein Stellungskrieg. Es ging immer mehr um zähes Verteidigen und Behaupten von Frontlinien, die Sicherung des Nachschubs und das Gewinnen von Verbündeten; vor allem aber ging es um die Ermattung des Gegners. Mit der abnehmenden Dynamik sanken Hannibals Chancen auf den Sieg. Seine Strategie richtete sich nun auf die Erhaltung des Status quo. Aus dem Angreifer drohte ein Verteidiger zu werden. Jedes Jahr, das die Römer ohne Niederlagen überstanden, war für sie ein Gewinn.

Aber noch wechselten Sieg und Niederlage häufig die Seiten. 213 v. Chr. gelang es dem in Süditalien operierenden Hannibal, einen bedeutsamen Erfolg zu erringen. Tarent sagte sich von Rom los und trat zu Hannibal über. Wie Capua und Syrakus war Tarent eine große, wichtige Stadt, deren Inbesitznahme für jeden, der Italien beherrschen wollte, unverzichtbar war. Doch die Burg und damit die Kontrolle über den Hafen blieben in römischer Hand. Dorthin hatte sich die römische Besatzung zurückgezogen, wo sie jahrelang trotzig ausharren sollte. Wie ein Omen symbolisierte diese Geste die

Unbeugsamkeit der Römer. In der Abwehr Hannibals fand Rom zu seiner traditionellen militärischen Stärke zurück. Bald sollten sich auch römische Siege einstellen. Mit ihnen veränderte sich das Gesicht des Krieges.

Wie aber stand es um das Verhältnis zwischen Hannibal und Karthago? Eine reibungslose Kooperation zwischen beiden war für eine erfolgreiche Kriegführung von großer Bedeutung. Die weitgehend unbedrängte Stadt hatte die Aufgabe, Hilfsmittel für die Fortführung des Krieges zu beschaffen und die Verteilung zu koordinieren. Außerdem mußten immer wieder Söldner angeworben und zu ihren Einsatzorten verschifft werden. Dies alles war mit großen Anstrengungen und Kosten verbunden und auf Dauer nur dann zu bewerkstelligen, wenn die Einnahmen aus dem eigenen Handel, die Tribute und Lieferungen aus dem afrikanischen Umland und die Silberexporte aus Hispanien regelmäßig eingingen. Der Krieg erschwerte aber diesen dringend benötigten Zufluß nach Karthago, was zu Spannungen innerhalb der Bürgerschaft führte. Die Politik der Barkiden war hier immer umstritten gewesen, obwohl sie von der Mehrzahl der Bevölkerung getragen wurde. Die ersten spektakulären Erfolge Hannibals hatten zweifellos das seit dem vergangenen Krieg gegen Rom beschädigte karthagische Selbstwertgefühl wieder gestärkt. Man kann sich gut vorstellen, wie sehr Hannibals Landsleute mit ihm bangten und sich über seine Siege freuten. Aber je länger der Krieg dauerte und je mehr die Aussichten auf eine vorteilhafte Friedensregelung schwanden, desto nachdenklicher wurde die Stimmung. Vor allem die Eröffnung neuer Kampffronten und das damit verbundene Verlangen nach Nachschub und Truppenverstärkungen brachte zusätzliche Schwierigkeiten mit sich. In diesem Zusammenhang machte sich das Fehlen einer Flotte, die der römischen ebenbürtig gewesen wäre, schmerzlich bemerkbar.

Im Jahr 213 v. Chr. war auf Empfehlung Hannibals eine Armee von 25 000 Mann unter dem Befehl des Himilko nach Sizilien entsandt worden, um das von römischen Truppen bedrängte Syrakus zu entlasten. Zwar gelang es Himilko, Agrigent zu erobern, aber gegen den römischen Belagerungsring vor Syrakus vermochte er nichts auszurichten. Ein ähnliches Schicksal erlitt ein weiteres Geschwader von 50 Schiffen, das aufgrund der Überlegenheit der römischen Seestreitkräfte Syrakus keinen Entsatz bringen konnte. Daß sich die große griechische Metropole Siziliens so lange zu halten vermochte, ist nicht zuletzt das Verdienst des Gelehrten Archimedes, der bedeutendsten naturwissenschaftlichen Kapazität der Epoche. Mit den von ihm erfundenen Kriegsmaschinen und ingeniös konstruierten Verteidigungsanlagen brachte er die römischen Legionen zur Verzweiflung (Polybios VIII 5–9). Hannibal, der außergewöhnliche Feldherr und Staatsmann, und Archimedes, der weltweit anerkannte, herausragende Gelehrte, standen im Kampf gegen Rom Seite an Seite. Vielleicht spiegelt dieses nicht ganz zufällige Bündnis von Tatkraft und Geist eine Grundstimmung der Zeit wieder: Eine tiefverwurzelte Skepsis gegen die forsch auftretende italische Hegemonialmacht.

Im Jahr 212 v. Chr. gelang es den Römern, aufgrund einer Unaufmerksamkeit der Verteidiger, den äußeren Belagerungsring der Stadt (Epipolaei), der als uneinnehmbar galt, zu besetzen. Noch einmal versuchten die Karthager, den bedrängten Syrakusanern zu helfen, doch auch dieses Mal vergebens. Bald darauf fiel die Stadt. Claudius Marcellus ließ sie durch seine Soldaten plündern. Ungeheure Mengen griechischer Kunstschätze und Reichtümer gelangten als Beutegut nach Rom. Nach so vielen Niederlagen keimte nun die Hoffnung auf, den immer noch in Italien kriegführenden Hannibal am Ende zu besiegen.

Die Eroberung von Syrakus war der erste große römische Erfolg in diesem Krieg. Bald darauf sollte sich ein weiterer noch bedeutsamerer einstellen. Der Übertritt Capuas in das Lager Hannibals war für die Römer besonders schmerzlich gewesen, weil sie Nachahmer fürchteten. Deshalb brachten sie eine gewaltige Truppenkonzentration zustande, um die wichtigste Stadt Campaniens möglichst rasch zu unterwerfen. Sechs Legionen unter den Consuln Quintus Fulvius Flaccus und Appius Claudius Pulcher hatten einen undurchdringlichen Belagerungsring errichtet und die Stadt von der Außenwelt abgeschnitten. Für Hannibal war Capua nicht minder wichtig. Als volkreichste Stadt Italiens nach Rom konnte sie eine unersetzbare Funktion als italische Alternative zu Rom erfüllen. Angesichts der Bedeutung des Ortes unternahm er alles, um diesen zu entsetzen. Nachdem er aber die Vergeblichkeit der Sprengung des römischen Belagerungsringes erkannt hatte, griff er Rom direkt an, in der Hoffnung, die Aufmerksamkeit der römischen Truppen vor Capua auf sich zu lenken, um die rigide Belagerung aufzubrechen. Das Manöver scheiterte, weil die Römer sich nicht beirren ließen. Schließlich ergab sich im Jahre 211 v. Chr. die ausgehungerte Stadt (Polybios IX 3–7). Für die römische Kriegspropaganda war diese Kapitulation von großer Bedeutung. Die beharrliche römische Strategie hatte den Italikern gezeigt, daß mit Rom immer noch zu rechnen war. Gleichzeitig verdeutlichte die Einnahme Capuas die Grenzen der Kriegführung Hannibals. Der gefeierte karthagische Feldherr war nicht in der Lage gewesen, seine Bündnispartner wirksam zu schützen.

Der Fall von Syrakus und besonders von Capua waren bittere Niederlagen für Hannibal. Sie konnten jedoch durch die Entwicklung der Ereignisse in Hispanien zum Teil ausgeglichen werden. Seit dem Eintreffen der ersten Legionen auf der Iberischen Halbinsel wichen die Karthager aus Nordhispanien zurück. Die Römer konnten die Stellung behaupten und sich dann entlang der Ostküste ausbreiten. Da die Scipionenbrüder über ein relativ kleines Heer verfügten, waren sie auf die Kooperation der karthagofeindlichen hispanischen Völker angewiesen. Im Jahr 211 v. Chr. planten die Römer eine größere Offensive, bei der sie auf die Unterstützung einiger keltiberischer Stämme rechneten. Die Scipionen teilten ihr Heer auf und stießen bis nach Südhispanien vor. Das Unternehmen mißlang, weil die Keltiberer zu den Karthagern überliefen und die karthagischen Armeen die einzeln operierenden römischen Einheiten aufrieben. Beide Scipionen fanden dabei den Tod. Die führerlosen römischen Truppen, die entfliehen konnten, zogen sich bis in den äußersten Norden Iberiens zurück.

Unbegreiflicherweise ließen die Karthager jedoch die günstige Gelegenheit verstreichen, die Römer nun aus Hispanien zu vertreiben. Da sich die Kriegsparteien in etwa die Waage hielten und kriegsentscheidende Maßnahmen nicht in Sicht waren, breitete sich auf beiden Seiten Kriegsmüdigkeit aus. Die Römer verminderten die Zahl der im Feld stehenden Legionen. Hannibal führte keine großen Offensiven in Italien durch. Karthago und das barkidische Hispanien verhielten sich abwartend. Seit der Eröffnung der Feindseligkeiten im Jahre 218 v. Chr. hatten die Römer zwar mehr Niederlagen als die Karthager erlitten, ihre Kampfbereitschaft aber war ungebrochen. Die jüngsten Erfolge in Sizilien und Italien trugen zur Stärkung ihrer Kampfmoral bei. In Hispanien war es den Karthagern gelungen, ihre logistische Basis unbeschadet zu halten. Dagegen verzettelte sich die karthagische Regierung in einem Kleinkrieg auf Sardinien und Sizilien, der wenig einbrachte. Die römische Kriegführung begann, beim Gegner Wirkung zu zeigen. Zwar operierte Hannibal immer noch ungeschlagen in Italien, doch er konnte hier nur noch kleine, lokal begrenzte Fortschritte erreichen.

Strategisches Ziel der Römer war nun, Hannibal zu isolieren. Um dies zu verwirklichen, mußte zum einen Hispanien als Versorgungsbasis dauerhaft ausgeschaltet werden. Ferner galt es, sämtliche Hilfslieferungen aus Karthago zu unterbinden. Schließlich war zu verhindern, daß Hannibal neue Bundesgenossen gewann. Hannibals Absicht war die Aktivierung aller noch verfügbaren Ressourcen, um die Initiative auf dem italischen Kriegsschauplatz zurückzugewinnen. Zu den Negativposten in seiner Bilanz zählte die relative Untätigkeit der traditionell romfeindlich eingestellten Kelten Oberitaliens sowie die Stabilität der römisch-italischen Bundesgenossenschaft. Positiv für Hannibal war, daß er immer noch Hispanien und große Teile Italiens kontrollierte und bislang die Römer davon abgehalten hatte, auf karthagischem Boden in Nordafrika zu landen. Mit einem wichtigen Faktor konnte Hannibal allerdings nicht rechnen. Ab 211 v. Chr. trat ein Mann in Rom auf, der ihm politisch und militärisch ebenbürtig war und bald eine kriegsentscheidende Rolle spielen sollte: Publius Cornelius Scipio, der unter dem ehrenvollen Beinamen Africanus in die römischen Annalen eingegangen ist.

Er war der Sohn des in Hispanien gefallenen gleichnamigen Feldherrn. Im Alter von 25 Jahren, auch hier liegt eine Parallele zu Hannibals Biographie, wurde er als Privatmann mit dem Oberbefehl in Hispanien betraut, was gegen die Tradition verstieß, weil Scipio aufgrund seiner Jugend zuvor noch kein hohes Staatsamt bekleidet hatte. Aber der Einfluß seiner Familie und politischen Freunde sowie die dem tatkräftigen Mann gewogene Volksmeinung setzten sich gegen die Bedenken des Senats durch. Für Scipio war der Krieg in Hispanien eine Familienangelegenheit, bei der öffentliche Belange und private Interessen konvergierten. Er wollte ihn gewinnen, um Vater und Onkel zu rächen und die römische Waffenehre wiederherzustellen. In einem Punkt übertraf Scipio die meisten seiner römischen Standesgenossen. Seine Energie und sein Selbstbewußtsein waren überdurchschnittlich hoch entwickelt, seine religiöse Haltung war bemerkenswert. Scipio fiel durch besondere Devotion auf und vermittelte seiner Umgebung das Gefühl, ein Günstling der Götter zu sein. Dies stärkte das eigene und fremde Vertrauen in seine Sieghaftigkeit. Diesbezüglich vermerkt Livius: „An keinem Tage betrieb er eine öffentliche oder private Angelegenheit, ohne zuvor auf das Kapitol zu gehen, nach Betreten des Tempels sich niederzulassen und meistens allein im Verborgenen die Zeit zu verbringen. Diese Gewohnheit, der er durch sein ganzes Leben treu blieb, ließ, sei es absichtlich oder zufällig, die verbreitete Meinung bei einigen Leuten Glauben finden, er sei ein Mann von göttlicher Abstammung, und ließ das Gerücht wieder auftauchen, das in bezug auf Alexander den Großen schon vorher verbreitet war [...], er sei im Beilager mit einer gewaltigen Schlange empfangen, und im Schlafgemach seiner Mutter sei sehr oft die Erscheinung dieses Wunderzeichens gesehen worden" (Livius XXVI 19).

VII. Von der Unmöglichkeit zu siegen:
Hannibal in Italien

Den Verlust von Capua versuchte Hannibal durch einen Überraschungsangriff auf die am Ende des italischen Stiefels gelegene Stadt Rhegion wettzumachen. Doch die Operation mißlang ebenso wie ein Vorstoß, den er nach Tarent unternahm,
um die von den Römern gehaltene Burgfestung einzunehmen.
Daraufhin mußte sich Hannibal unverrichteter Dinge ins Winterlager nach Lukanien zurückziehen (211 v. Chr.).

Im Jahr darauf stand ihm der Eroberer von Syrakus und
Consul des Jahres 210 v. Chr., Marcus Claudius Marcellus, in
Italien gegenüber. Dieser leitete seine Operationen erfolgreich
ein, indem er die samnitischen Städte Maronea und Meles besetzte. Kurz darauf gelang es ihm, die apulische Stadt Salapia
samt 500 numidischen Reitern, die als Besatzung dort stationiert waren, in seine Gewalt zu bringen.

Doch vor Herdonea vermochte Hannibal noch einmal sein
militärisches Können voll zu entfalten, als er die zwei Legionen des Proconsuls Gnaeus Fulvius Centumalus vernichtete
(210 v. Chr.). Trotz einiger Rückschläge waren die Effizienz
des karthagischen Heeres ebenso wie die strategischen Fähigkeiten seines Führers ungebrochen.

Claudius Marcellus blieb Hannibal auf den Fersen, bis sich
dieser schließlich wieder ins Winterlager nach Lukanien begab. Der Verlust der mehrheitlich aus Latinern bestehenden
Truppen von Herdonea führte 209 v. Chr., als die Römer neue
Aushebungen vornehmen wollten, zu Unruhen und schließlich
zur Weigerung von zwölf latinischen Städten, weitere Truppen
für den Krieg gegen Hannibal zu stellen. Die italische Bundesgenossenschaft zeigte Risse und hatte damals eine ernste Bela-
stungsprobe zu bestehen.

Im Jahr 209 v. Chr. übernahm Fabius Maximus sein fünftes
Consulat und damit erneut die Kriegführung gegen Hannibal.
Sein Plan bestand darin, Claudius Marcellus auf Hannibal an-
zusetzen, während er sich an die Eroberung Tarents machte,

Der zweite römisch-karthagische Krieg in Italien (218–205 v. Chr.)

um die dort seit Jahren tapfer ausharrende römische Burgbesatzung zu befreien.

Unweit von Canusium (heute Canosa) kam es zu heftigen Kampfhandlungen zwischen Hannibal und Marcellus, bei denen die Römer erneut schwer geschlagen wurden. In der Zwischenzeit konnte sich Fabius Maximus der Belagerung von Tarent widmen.

Nach einer Woche wurde ein Sturmangriff von mehreren Seiten auf die Stadt geführt, der die Widerstandskraft der Tarentiner brach. Ähnlich wie Syrakus wurde auch Tarent geplündert. Etwa 30000 Menschen gerieten in die Sklaverei. Die Beute an Edelmetallen und Kunstschätzen war gewaltig. Hannibal, der in Eilmärschen seine Armee nach Tarent führte, um die Stadt zu entsetzen, kam zu spät, um diesen für ihn äußerst empfindlichen Rückschlag zu verhindern.

Hannibals Italienfeldzug entschied sich jedoch zum großen Teil in Hispanien. Als Publius Cornelius Scipio gegen Ende des Jahres 210 v. Chr. in Hispanien ankam, standen ihm drei karthagische Heere gegenüber. Deshalb ließ er sich zunächst auf keine direkte Konfrontation mit den überlegenen Gegnern ein. Mit einem energisch vorgetragenen Überraschungscoup, der von Hannibal hätte erdacht sein können, entschloß sich Scipio, das feindliche Hauptquartier Neukarthago zu stürmen (209 v. Chr.). Zum Zeitpunkt dieses Angriffes war die karthagische Armee in weitentfernten Regionen stationiert. Die Truppenverlegung hat aber nichts mit der Uneinigkeit der karthagischen Führung oder gar Unfähigkeit zu einem koordinierten Vorgehen zu tun, wie vermutet wird. Die Verbände von Hannibals Bruder Mago befanden sich unweit von Gades in der Nähe von Huelva, einer der ertragreichsten Bergbaugegenden des Landes. Die Einheiten des Hasdrubal, Giskos Sohn, lagerten an der Tajomündung. Dies hing ebenfalls mit der Sicherung und Förderung der karthagischen Kriegswirtschaft zusammen. Das Gros des karthagischen Heeres unter Hannibals Bruder Hasdrubal deckte in Carpetanien die Flanken der anderen Abteilungen und bildete einen Damm gegen Einfälle in Andalusien. Der Fehler der Karthager bestand darin, nicht mit einem Angriff auf Neukarthago gerechnet und die Stadt in Verteidigungsbereitschaft gesetzt zu haben.

Die Erstürmung Neukarthagos war eine wagemutige militärische Tat. Der griechische Historiker Polybios hat einen ausführlichen Bericht darüber verfaßt (Polybios X 8–20), mit dessen Hilfe die Einzelheiten dieser Aktion rekonstruiert werden können. Scipio erschien unvermittelt vor den Mauern der Stadt und vermochte sie nach einer kurzen Belagerung zu überrennen. Das stolze Symbol der karthagischen Herrschaft in Hispanien mußte eine grausame Plünderung über sich ergehen lassen. Die psychologische Wirkung dieses Überrumpelungsmanövers war enorm. Mit einem Schlag bemächtigte sich Scipio des karthagischen Machtzentrums. Neben einer riesigen Beute, Depots, Waffenlagern und Versorgungsgütern fielen die Geiseln der iberischen Völker, die von den Karthagern hier festgehalten wurden, in Scipios Hand. Diese waren ein unschätzbarer Gewinn, denn bei entsprechender Behandlung konnte Scipio sich dadurch das Wohlwollen der hispanischen Völker erwerben.

Die Fortschritte der Römer in Hispanien brachten Bewegung in den Krieg und neigten die Waage zuungunsten der Karthager. Hannibal stand vor schwer lösbaren Aufgaben. Italische Städte, die zu ihm überliefen, brachten nicht nur Vorteile, sondern verursachten immer häufiger Probleme. Es begann bereits damit, daß nur selten geschlossene Landschaften, sondern meist einzelne, in feindlicher Umgebung liegende Städte diesen Schritt wagten. Dies stellte das karthagische Heer vor erhebliche Versorgungsprobleme und erschwerte die militärischen Operationen, zumal die Gefahr einer allzu großen Zersplitterung des begrenzt zur Verfügung stehenden Potentials drohte. Wollte Hannibal glaubwürdig bleiben, so mußte er die zu ihm übergetretenen Partner beschützen. Gerade diese Verpflichtung aber schränkte seine Bewegungsfreiheit ein. Aus dem Zwang heraus, die Zahl der italischen Bundesgenossen zu vermehren, mußte Hannibal offensiv vorgehen. Waren neue Verbündete gewonnen, mußten sie verteidigt werden. Für die Lösung dieser doppelten Aufgabe war seine Armee nicht groß genug. Vor diesem Dilemma stand er, nachdem die Römer, durch Erfahrungen gewitzt, es vermieden, ihn offen herauszufordern, dafür aber eine immer enger werdende Umklammerung aufbauten. Als Folge dieser politischen und militärischen Sachzwänge verlor Hannibal in zunehmendem Maße die taktische Initiative und geriet immer tiefer in einen fast aussichtslosen Kleinkrieg.

Dies zeigte sich etwa bei den Auseinandersetzungen des Jahres 208 v. Chr. in Süditalien. Hannibal wurde von Claudius Marcellus in Kampfhandlungen verwickelt, damit ein anderes römisches Heer Lokroi einnehmen konnte. Doch die Sorglosigkeit der römischen Führung vereitelte den Plan. Die Karthager überraschten die römischen Truppen, schlugen sie mehrmals und trieben sie in die Flucht. Claudius Marcellus fand dabei den Tod, und Hannibal erwies ihm die letzte Ehre. Große Wirkungen gingen von diesen Operationen allerdings nicht aus. Für eine Wende des Krieges in Italien war Hannibal auf Verstärkungen angewiesen, und nach Lage der Dinge konnten sie nur aus Hispanien kommen.

Das Geschehen der Jahre 209/8 v. Chr. auf dem hispanischen Kriegsschauplatz wurde in besonderem Maße von den Ereignissen in Italien beeinflußt. Nach einer Zeit des Hinhaltens gegenüber römischen Anfechtungen sollte die noch weitgehend intakte hispanische Provinz der Karthager zugunsten einer Entscheidung in Italien aktiviert werden. Doch Scipios erfolgreicher Vorstoß nach Neukarthago und die bald darauf einsetzende Offensive nach Südhispanien trafen die karthagische Kriegführung besonders hart. Durch Konzentration aller verfügbaren Kräfte wollten die Karthager neue Akzente in Italien setzen. Man rechnete mit der Kriegsmüdigkeit und Erschöpfung der römischen Bundesgenossen sowie auf die Mitarbeit der ligurischen und keltischen Stämme Oberitaliens. Offenbar war es die karthagische Absicht, durch Bildung eines neuen Machtblocks in Italien, wo sich Hannibal mit dem aus Hispanien kommenden Hasdrubal vereinigen sollte, die entscheidende Wende herbeizuführen. Währenddessen hatte Mago weitere Verstärkungen anzuwerben. Die in Hispanien verbliebenen Kräfte unter Hasdrubal, Giskos Sohn, mußten Scipio in Schach halten. Doch die offensive Kriegführung Scipios machte einen wesentlichen Teil dieser Pläne zunichte. Als 208 v. Chr. Scipio im Bewußtsein der eigenen Stärke seine Truppen nach Südhispanien aufmarschieren ließ, zwang er Hasdrubal, der sich mit seinem Heer zu seinem Bruder Hannibal nach Italien aufmachen wollte, zu einer Konfrontation. In der Nähe von Baecula (heute Bailén) kam es zur Schlacht. Scipio diktierte das Geschehen. Als Hasdrubal die Aussichtslosigkeit seiner Lage erkannte, brach er den Kampf ab und trat mit den restlichen Truppen den Marsch nach Norden an.

Hannibal rechnete nun fest mit dem Heer seines Bruders Hasdrubal. Dieser hatte nach der Schlappe von Baecula seine Armee neu gegliedert, und nach einer erstaunlichen Marschleistung, die der seines Bruders Hannibal in nichts nachstand, war er im Begriff, in Italien einzufallen (207 v. Chr.). Wenn es gelang, beide karthagischen Heere in Italien zu vereinigen, wären sie unter Hannibals Kommando eine unabsehbare Bedrohung für Rom geworden. Verständlich, daß die aufgeschreckten Römer alles daran setzten, diese Vereinigung zu vereiteln.

Unter dem Eindruck des bevorstehenden Einfalls von Hasdrubal in Italien wählten sie für das Jahr 207 v. Chr. mit Gaius Claudius Nero und Marcus Livius Salinator zwei militärisch erfahrene Consuln. Von der Garde der bewährten Feldherren waren die meisten gefallen (Aemilius Paullus, Sempronius Gracchus, Claudius Marcellus), nur Fabius Maximus war übrig geblieben, und der fähigste von allen, Publius Cornelius Scipio, wurde in Hispanien dringend gebraucht. Unter Aufbietung aller verfügbaren Reserven gelang es noch einmal, etwa 20 Legionen aufzustellen, von denen allerdings nicht alle auf volle Kampfstärke gebracht werden konnten.

Nach der Überschreitung der Alpen zog Hasdrubal über Placentia das Potal entlang Richtung Ariminum (heute Rimini). Unterwegs vermochte er Kelten und Ligurer zu rekrutieren. Sein Heer dürfte etwas mehr als 30000 Mann umfaßt haben. Da die Kuriere, die er seinem Bruder Hannibal schickte, von den Römern abgefangen wurden, scheiterte die Koordination des Feldzuges. Hannibal begab sich von Süditalien allmählich ins Landesinnere, verlegte sein Heer nach Apulien in der Hoffnung, Nachrichten seines Bruders zu erhalten. Inzwischen marschierte Hasdrubal nach Süden. Er überquerte den Apennin und überschritt den Metaurus. Marcus Livius Salinator kontrollierte seine Bewegungen.

Der andere Consul, Gaius Claudius Nero, der in der Umgebung von Canusium Hannibal beobachtete, entwarf folgenden Plan. Um Hannibal abzulenken, tat er so, als ob er einen Feldzug nach Lukanien unternähme. In Wahrheit marschierte er in aller Eile mit ausgewählten Truppen nach Norden, wo er sich nach einer Woche mit der Armee des Marcus Livius Salinator vereinigte. Das Heer des Hasdrubal wurde überrascht. Seine auf einem äußerst ungünstigen Gelände agierenden Truppen vermochten dem Ansturm der römischen Legionen nicht standzuhalten. Die Schlacht am Metaurus endete mit der völligen Vernichtung des karthagischen Heeres, unter dessen Toten sich auch Hasdrubal befand. Es war der erste große römische Sieg über eine karthagische Armee auf italischem Boden. Claudius Nero begab sich umgehend nach Apulien und ließ den abgetrennten Kopf des Hasdrubal in das Lager des Hannibal werfen. Bei dessen Anblick muß Hannibal die Unmöglichkeit eines Sieges klar geworden sein.

In Hispanien fiel im Jahre 206 v. Chr. die Entscheidung. Nach Baecula wagten es die karthagischen Verbände, die nun Hasdrubal, Giskos Sohn, unterstanden, nicht mehr, sich mit Scipio zu messen. Die Initiative lag ganz bei ihm. Mittlerweile hatte Scipio sein Heer verstärkt, und außerdem konnte er mit der Unterstützung zahlreicher hispanischer Völker rechnen. Die Kunde von Hasdrubals Niederlage am Metaurus (207 v. Chr.) zwang die Karthager, sich Scipio entgegenzustellen, falls sie nicht tatenlos zusehen wollten, wie ihre letzten hispanischen Besitzungen verlorengingen. Bei Ilipa, in der Nähe von Sevilla, kam es 206 v. Chr. zur Schlacht. Der kombinierte Einsatz der Umfassungs- und Manipeltaktik sowie der bessere Ausbildungsstand seiner Legionen sicherten Scipio den Sieg. Danach blieben noch einige karthagische Widerstandszentren übrig, aber es war abzusehen, daß sie sich nicht lange halten würden. Nach dem Verlust der karthagischen Machtbasis in Hispanien war für Hannibal die Fortsetzung des Krieges äußerst schwierig geworden.

Als 206/5 v. Chr. die geschlagenen karthagischen Truppen notgedrungen die Iberische Halbinsel räumen mußten, ging die ruhmvolle Ära der karthagischen Expansion zu Ende. Mit dem Verlust ihrer letzten überseeischen Bastion wurde den Karthagern die Verminderung ihres Territoriums bei gleichzeitiger Zunahme des römischen Herrschaftsgebietes besonders bewußt. Für Hispanien begann nun eine römisch beeinflußte Epoche seiner Geschichte, die jahrhundertelang währen sollte und das Land nachhaltig prägte.

Unmittelbar nach der Niederlage des Hasdrubal am Metaurus hatte sich Hannibal nach Bruttium zurückgezogen. Während des Jahres 206 v. Chr. fanden in Italien keine nennenswerten militärischen Aktionen statt. Erst durch die Ankunft Scipios lebte der Krieg wieder auf. Der aus Hispanien siegreich zurückgekehrte Scipio wurde zusammen mit Publius Licinius Crassus zum Consul für das Jahr 205 v. Chr. gewählt. Die Grundsatzentscheidung, vor der die römische Führung stand, war, ob erst Hannibal aus Italien vertrieben oder der Krieg nach Afrika getragen werden sollte. Darüber entbrannte im Senat ein erbitterter Streit. Die Gruppe um Fabius Maximus favorisierte die erste, die um Scipio die zweite Option.

Von Sizilien aus, das Scipio als Aufgabenbereich übertragen worden war, bereitete er die Landung römischer Truppen in Nordafrika vor. Niemals zuvor war einem römischen Feldherren eine derartig weit umfassende Vollmacht erteilt worden. Scipio hatte die Instruktion erhalten, so zu handeln – in diesem Falle den Krieg in Nordafrika zu eröffnen –, wie er es verantworten könne, sofern seine Maßnahmen das Interesse des Staates förderten. Indessen wurde Hannibals Operationsraum in Süditalien durch römische Erfolge in Lokroi weiter beschnitten.

Zu diesem Zeitpunkt dürfte Hannibal die Zwecklosigkeit seines Verbleibens in Italien eingesehen haben. Im Tempel der

Hera Lakinia in der Nähe von Kroton ließ er eine zweisprachige Inschrift (punisch-griechisch) anbringen, die seine bisherigen Taten verkündete (Polybios III 33, 56). Sie ist aufgrund der darin verzeichneten Zusammensetzung seiner Armee einschließlich deren Truppenstärke von besonderem historischen Interesse, weil sie uns Rückschlüsse auf das ihm seit Beginn des Krieges zur Verfügung stehende Militärpotential erlaubt, das niemals größer als 50000 Mann gewesen ist. Aufschlußreich ist in diesem Zusammenhang ein Vergleich mit der römischen Truppenstärke. Nach Ausweis der formula togatorum (Verzeichnis der waffenfähigen römischen Bürger) des Jahres 225 v. Chr. betrug sie unter Einbeziehung der Bundesgenossen fast 700000 Mann. Ein militärisches Ungleichgewicht herrschte auch auf dem maritimen Sektor. Im Jahre 218 v. Chr. standen den etwa 100 karthagischen Schiffen, die in Afrika und Hispanien stationiert waren, mehr als doppelt so viele römische Einheiten gegenüber.

Es spricht für die militärische Befähigung und das Charisma Hannibals, daß seine Armee, die immerhin über ein Jahrzehnt fern von der Heimat weilte und ununterbrochen Dauerbelastungen ausgesetzt war, ihm den Gehorsam bewahrte. Obwohl der Krieg in Italien nicht zu gewinnen war und der Abzug nach Nordafrika bevorstand, gab es keine Meuterei. Selbst bei Rückschlägen behielt Hannibal die Kontrolle über seine Truppen.

Im Jahre 205 v. Chr. war es in Phoinike zu einem Friedensschluß zwischen Rom und Philipp V. von Makedonien gekommen, der es den Römern erlaubte, sich nun auf den entscheidenden Schlag gegen Karthago zu konzentrieren. Wie in solchen Fällen üblich beachteten die Römer äußerst sorgfältig alle dazu nötigen religiösen Vorschriften, die ihren Sieg verbürgen sollten. Damals hatten die Sibyllinischen Bücher verkündet, daß der in Italien stehende Feind nur außer Landes vertrieben und besiegt werden könne, wenn man den Kult der Großen Mutter von Pessinus in Kleinasien (Mater Magna) in Rom feierlich einführe. Zum Empfang der Göttin wurde der „beste Bürger" des Staates auserkoren. Die Wahl fiel auf Scipio

Nasica, der Sohn des in Hispanien gefallenen Gnaeus, ein Cousin des Feldherrn und Consuls Publius Cornelius Scipio, der im Begriff war, in Nordafrika einzufallen.

Wollte Hannibal den drohenden römischen Angriff auf Karthago abwenden, so mußte er in Italien verstärkt Initiativen ergreifen, um Scipio an der Landung in Nordafrika zu hindern. Durch die Nachwirkung einer Seuche war das mittlerweile den Römern zahlenmäßig weit unterlegene Heer des Hannibal zur Untätigkeit verurteilt. Verschlimmert wurde seine Lage dadurch, daß eine große Hilfslieferung aus Karthago, die auf 100 Schiffen Geld, Vorräte und Verstärkungen mit sich führte, in einen Sturm geriet. Der Rest der Flotte kam nach Sardinien, wo sie den Römern in die Hände fiel. Kein einziges Schiff erreichte Hannibal.

Seine letzte Hoffnung, sich doch noch in Italien halten zu können, beruhte auf seinem Bruder Mago. Dieser war nach der Niederlage der Karthager in Hispanien nach den Balearen gesegelt, wo es ihm dank der Unterstützung Karthagos und unter Anspannung aller Kräfte gelang, eine ansehnliche Truppe zu rekrutieren. Noch heute trägt die Stadt Mahon auf Menorca seinen Namen. Mit 30 Kriegsschiffen landete er an der ligurischen Küste. Er eroberte Genua und setzte sich Richtung Etrurien in Bewegung, wobei er unterwegs weitere Söldner anwarb. Sein Aufmarsch geriet aber, noch bevor er Mittelitalien erreichen konnte, ins Stocken. Schließlich wurde er in der Nähe von Ariminum von zwei römischen Heeresabteilungen überwältigt. Hannibals Abzug aus Italien war nun eine Frage der Zeit.

Dem angeschlagenen, aber immer noch unbesiegten Kriegsherrn, dessen Schicksal an einem seidenen Faden hing, läßt Polybios folgende Würdigung angedeihen: „Wer wollte der Tapferkeit, den taktischen Fähigkeiten und dem Feldherrngenie dieses Mannes die Bewunderung versagen [...], wenn man das ganze Ausmaß des gesamten Feldzuges betrachtet, eines Krieges, den Hannibal sechzehn Jahre lang ununterbrochen mit den Römern geführt hat [...], ohne daß es je zu einer Meuterei gegen ihn gekommen wäre, obwohl die

Truppen, die er befehligte, nicht nur nicht einem einzigen Volk entstammten, sondern aus den verschiedensten Volksstämmen zusammengewürfelt waren: Libyer, Iberer, Ligurer, Kelten, Phöniker, Italiker, Griechen, die nichts von Natur miteinander verband, weder Recht, noch Sitte, noch Sprache, noch sonst irgendetwas" (Polybios XI 19).

VIII. Entscheidung in Nordafrika:
Scipio und Hannibal

Die römische Landung in Nordafrika kam auf Scipios Initiative zustande. Sie war höchst umstritten und mußte gegenüber einer starken Senatsopposition durchgesetzt werden. In Scipios Plan ist die Analogie zu Hannibals Vorgehen unübersehbar. Der Krieg sollte vor der Haustür des Gegners entschieden werden.

Die politische Lage in Nordafrika am Vorabend der römischen Invasion war für Karthago schwierig. Die unter den Königen Syphax und Massinissa stehenden numidischen Stämme hatten ein gespanntes, zwiespältiges Verhältnis zu Karthago. Gelegentlich fochten sie für die Barkiden gegen die Römer in Hispanien. Nach der Niederlage der Karthager bei Ilipa wechselte Massinissa die Seite und tat sich mit Scipio zusammen. Damit verfügten die Römer über einen wichtigen Verbündeten im karthagischen Hinterland. Die Karthager dagegen hatten sich mit Syphax vebündet. Vorausgegangen war eine für die Interessen Karthagos vorteilhafte Eheverbindung mit Sophoniba, der Tochter Hasdrubals, Giskos Sohn, die eine enge Kooperation zwischen Syphax und Karthago verbürgte.

Im Sommer des Jahres 204 v. Chr. erreichte ein starker römischer Heeresverband unter Scipios Führung die nordafrikanische Küste. Ungehindert von karthagischen Störmanövern marschierte er gegen Utica. Damals stellte sich ihm eine karthagische Armee in den Weg. Scipio gab die Belagerung Uticas auf und begab sich ins Winterlager. Syphax versuchte, ein Friedensabkommen zwischen Römern und Karthagern auf der Basis eines gegenseitigen Rückzugs aus Italien bzw. Nordafrika zu vermitteln. Die Verhandlungen zogen sich in die Länge, wiewohl die Bedingungen für Scipio inakzeptabel waren (Polybios XIV 1). Er wollte den Sieg über Karthago erringen und strebte folglich keine Verhandlungslösung an, obwohl sein Truppenpotential damals dem der Karthager deutlich unterlegen war. Scipio nutzte die Gunst der Lage und unternahm

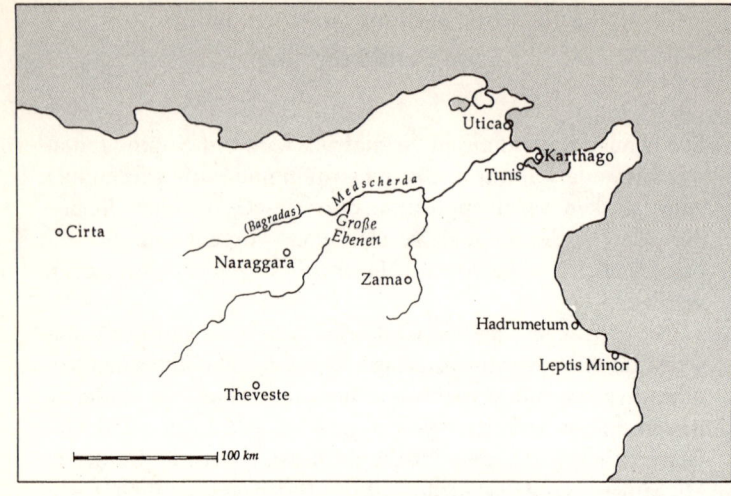

Nordafrika in der letzten Kriegsphase (205–201 v. Chr.)

im Frühjahr 203 v. Chr. einen Überraschungsangriff auf die
Lagerplätze des Syphax und der Karthager, die er in Brand
setzen konnte. In der dabei entstandenen Verwirrung gelang
es ihm, seine Gegner zu dezimieren. Die eigenen Verluste blieben äußerst gering. Mit einem Schlag konnte die zugunsten
der Karthager vorhandene militärische Disproportion ausgeglichen werden. Nun war Scipio in der Lage, zu einer aktiven,
offensiven Kriegführung überzugehen.

Giskos Sohn Hasdrubal, der nach dem Verlust Hispaniens
inzwischen das Kommando in Nordafrika führte, sammelte
ein neues Heer, dessen Kerntruppe 4000 keltiberische Söldner
bildeten. Zusammen mit Syphax erwartete er die Römer in
den Großen Ebenen, etwa 100 Kilometer südwestlich von
Karthago. Scipio, an Infanterietruppen unterlegen, errang den
Sieg dank der Überlegenheit seiner Kavallerie. Zum ersten
Mal vermochte sich die römische Reiterei gegen die karthagische zu behaupten. Syphax ergriff die Flucht, und Massinissa
übernahm seine Verfolgung. Daraufhin besetzte Scipio Tunis,
um Karthago vom afrikanischen Hinterland abzuschneiden.

Unter dem Eindruck der erlittenen Niederlage beriet der karthagische Rat über die zu ergreifenden Maßnahmen. Die Mehrheit war für Durchhalten. Man wollte sich so gut wie möglich auf die drohende Belagerung vorbereiten, außerdem erwog man, Hannibal zurückzuberufen, und schließlich hoffte man auf Hilfe seitens des Syphax. Nur wenige Ratsherren traten für die sofortige Aufnahme von Friedensverhandlungen ein.

Ende des Sommers 203 v. Chr. änderte sich die Stimmungslage, als Syphax in römische Gefangenschaft geriet. Mitten im Machtkampf um die Herrschaft in Numidien zwischen Syphax und Massinissa ereignete sich eine von Liebe, Eifersucht und Rache durchtränkte, an Dido und Helena erinnernde Begebenheit. In Cirta begegnete Massinissa der Frau des Syphax, die ihm einst versprochen worden war. Massinissa heiratete nun die legendenumwobene Sophoniba. Als der gefangene Syphax von den Römern nach dem Grund seines Parteiwechsels zu den Karthagern befragt wurde, wies er auf den Einfluß seiner karthagischen Frau hin. Scipio, der nun einen ähnlichen Sinneswandel bei Massinissa befürchtete, legte diesem die Trennung von seiner neuen Gemahlin nahe. Die Episode endete tragisch. Sophoniba wurde den römischen Machtinteressen geopfert. Sie starb an Gift. In der Verbindung von persönlichem Schicksal und politischen Notwendigkeiten offenbart diese Geschichte eine unentrinnbare Verwicklung, wie sie in der griechischen Tragödie nicht plastischer hätte zum Ausdruck gebracht werden können. Im Geschichtswerk des Livius besitzen wir eine nach allen Regeln der Dramaturgie gestaltete Erzählung (Livius XXX 11–15), die die Menschen und die bildende Kunst aller Epochen bis auf den heutigen Tage bewegt hat.

Karthago schickte nun eine Gesandtschaft zu Scipio, um über die Beilegung des Krieges zu verhandeln. Dieser, der Utica nicht hatte einnehmen können, dürfte darüber nicht unfroh gewesen sein. Wenn die Karthager seinen Friedensbedingungen zustimmten, konnte er sich als Sieger im Krieg fühlen. Darüber hinaus blieb ihm die riskante und langwierige Belagerung Karthagos erspart.

Der Tod der Sophoniba

Scipio forderte die Übergabe der Kriegsgefangenen, die Auslieferung der Kriegsflotte bis auf 20 Schiffe, den Verzicht der Karthager auf Hispanien sowie auf sämtliche Inseln zwischen Italien und Nordafrika, die Abberufung Hannibals aus Italien, die Versorgung des römischen Heeres mit Getreide und die Entrichtung einer Kriegsentschädigung in Höhe von 5000 Talenten.

Auch wenn diese Bedingungen für die Karthager sehr hart waren, dürften sie sich nicht wesentlich von denen unterschieden haben, die Hannibal im Falle eines definitiven Sieges über Rom gestellt hätte. So wie Hannibal das aus seiner Sicht übermächtige Rom gerne geschwächt hätte, so war Scipios Ziel ähnlich gelagert. Es ging ihm darum, ein erneutes Entstehen einer karthagischen Großmacht für die Zukunft zu verhindern. Trotzdem trafen die Vertragsklauseln die Karthager besonders schwer. Sie hatten nun Massinissa im Nacken, der schon aus eigenem Interesse bestrebt sein mußte, jeder Zunahme der karthagischen Macht entgegenzuwirken. Bis zum Inkrafttreten des Friedensvertrages wurde ein Waffenstillstandsabkommen vereinbart.

In Rom wartete man mit der Ratifizierung des Vertragswerks so lange, bis Hannibal endlich aus Italien abgezogen war. Er ging in Leptis Minor mit etwa 20 000 Mann an Land. Wenig später erreichte der Rest des Heeres seines verstorbenen Bruders Mago die nordafrikanische Küste (Herbst 203 v. Chr.).

Noch war der Krieg nicht zu Ende, obwohl völlig klar war, daß die ursprünglichen Ziele nicht erreicht werden konnten. Es bestand auf karthagischer Seite immer noch die stille Hoffnung, daß mit Hilfe des zurückgekehrten Hannibal Scipio ein ähnliches Schicksal beschieden sein könnte, wie einst (255 v. Chr.) Marcus Atilius Regulus, der mit einer römischen Invasionsarmee in Nordafrika landete und kurz darauf vernichtend geschlagen wurde.

Zur gleichen Zeit ereignete sich ein Zwischenfall, der zur Wiederaufnahme der Kampfhandlungen führte. Ein römisches Versorgungsgeschwader geriet vor der Küste Karthagos in Sichtweite der Stadt in Seenot. Die Karthager, die an Lebensmittelknappheit litten, plünderten die Ladung der gestrandeten Schiffe. Durch die Anwesenheit Hannibals in Nordafrika offenbar ermutigt, schenkten sie den Beschwerden des Scipio keine Beachtung. Dieser Vorfall eskalierte bis zum Bruch des Waffenstillstands. Die Kriegsvorbereitungen wurden wieder aufgenommen.

Im Herbst 202 v. Chr. trafen sich beide Armeen im oberen Tal des Medscherda, unweit von Naraggara. Die bevorstehende Auseinandersetzung, die als Schlacht von Zama bekannt geworden ist, sollte die letzte militärische Aktion des mittlerweile 17 Jahre dauernden Krieges sein. Vor Eröffnung der Feindseligkeiten kam es zu einer Zusammenkunft beider Protagonisten. Der ruhmreiche, schon zu Lebzeiten zu einem Mythos gewordene Hannibal und der jüngere Scipio, der auf dem besten Wege war, es Hannibal gleichzutun, versuchten durch persönliche Gespräche die Schlacht abzuwenden. Für Hannibal ging es um eine Nachbesserung des schon ausgehandelten und von Rom bestätigten Friedensvertrages. Vielleicht hoffte er auf die Wirkung seines Namens. Er war noch nie von den Römern geschlagen worden. Warum sollte es nun geschehen? Scipio, der von Selbstvertrauen erfüllt war, ließ sich nicht davon beeindrucken und lehnte Hannibals Vorschläge ab. Die Begegnungsszene zwischen dem dynamischen jungen Römer und dem vielleicht schon kriegsmüden karthagischen „Denkmal", oder, um es mit den Worten des Livius auszudrücken, den „größten Feldherren nicht nur ihrer Zeit", bildet den Höhepunkt des Krieges und ist daher von den antiken Berichterstattern (Polybios XV 6–9; Livius XXX 29–32) entsprechend ausgemalt worden.

Die Militärpotentiale Hannibals und Scipios waren ausgeglichen. Jeder kommandierte etwas mehr als 40 000 Mann. Jedoch war Scipio an Kavallerieeinheiten Hannibal weit überlegen. Seit seinen hispanischen Feldzügen stand Hannibal wieder eine größere Menge Kriegselefanten zur Verfügung. Ihr Einsatz blieb jedoch ziemlich wirkungslos, weil das römische Heer darauf vorbereitet war und bei seiner Aufstellung Korridore bildete, die den Ansturm der Tiere auffingen. Die Infanterieabteilungen beider Armeen hielten sich die Waage. Die Schlacht wurde mit einer römischen Kavallerieattacke eröffnet. Die karthagischen Reiter konnten sie nicht aufhalten und ergriffen, von den Römern verfolgt, die Flucht. Hannibals Chance bestand darin, die römischen Legionen mit Hilfe seiner erfahrenen Veteranen zu schlagen, bevor die überlegene römische Reiterei zurückeilen konnte. Doch alle Angriffe der Karthager wurden abgewehrt. Hannibal gelang es nicht, einen Durchbruch zu erzielen. Der Einsatz der römischen Kavallerie brachte die Entscheidung. Ähnlich wie es Hannibal in Cannae vorgeführt hatte, rollten die römischen Reiter die Reihen der Karthager von hinten auf. Scipio schlug Hannibal mit seinen eigenen Waffen. Das letzte karthagische Aufgebot wurde damit vernichtet.

Hannibal verließ das Schlachtfeld und begab sich zunächst nach Hadrumetum (heute Sousse), später ging er nach Karthago. Der karthagische Rat schickte eine Abordnung zu Scipio, der mittlerweile in Tunis angelangt war, um über den Frieden zu verhandeln. Der römische Feldherr behandelte sie mit Herablassung. Er erhob Vorwürfe wegen des im vergangenen Jahr gescheiterten Friedensabschlusses. Scipio machte den karthagischen Unterhändlern klar, daß der Friede nur unter für Karthago erschwerten Bedingungen zu haben sei. Zu der bereits im Vorjahr vereinbarten Räumung Hispaniens und der mittelmeerischen Inseln kamen nun weitgehende Abtretungen von nordafrikanischen Gebieten an Massinissa hinzu. Zu der Auslieferung der Kriegsgefangenen und Deserteure kam die Verpflichtung hinzu, künftig auf den Einsatz von Kriegselefanten zu verzichten. Die Flotte wurde weiter reduziert. Die Karthager mußten bis auf 10 Einheiten alle Schiffe abgeben. Besonders einschneidend war die Eingliederung Karthagos in die römische Bundesgenossenschaft. Karthago durfte sich in Zukunft nach innen autonom verwalten, nach außen hin aber wurden seine Souveränitätsrechte stark eingeschränkt. Es mußte beispielsweise Rom im Kriegsfalle beistehen und durfte außerhalb Afrikas keine militärische Auseinandersetzung selbständig führen, innerhalb Afrikas nur mit Genehmigung Roms. Schließlich wurde die Höhe der Kriegsreparationen noch einmal erhöht und auf die Summe von 10 000 Silbertalenten festgelegt.

Angesichts dieser verschärften Friedensbedingungen regte sich in Karthago Widerstand. Einige Kreise wollten die Verhandlungen sofort abbrechen und sich auf eine Belagerung einlassen. Hannibal gab den Ausschlag, als er die Annahme des Friedensvertrages empfahl (Livius XXX 35, 11). Er wußte nur allzugut, daß eine Fortführung des Krieges aussichtslos war. Daher machte er sich für die Annahme des Friedensdiktats stark, das er der drohenden bedingungslosen Kapitulation vorzog.

Der Friedensvertrag wurde in Karthago feierlich unterzeichnet. Die Vertreter des karthagischen Staates schworen vor den Göttern die Einhaltung der Vertragsklauseln. Aus Rom waren Fetialpriester (Priester, die für den Abschluß und die Einhaltung von Verträgen zuständig waren) angereist. Unmittelbar nach der Zeremonie wurde den Karthagern der Verlust des Krieges und ihrer einstigen Machtstellung mittels einer symbolhaften Geste vorgeführt: Die Römer ließen die ausgelieferten karthagischen Schiffe ins offene Meer auslaufen und verbrannten sie vor der konsterniert zuschauenden karthagischen Bürgerschaft. Aus dem einst mächtigen, auf seine Unabhängigkeit stolzen Karthago war nun ein römischer Klientelstaat geworden.

Von Tunis aus, wo das Gros des römischen Heeres stationiert war, gingen die Legionen an Bord und fuhren zunächst nach Sizilien. Scipio begab sich dann auf dem Landweg in Richtung Heimat. Sein Marsch durch Italien wurde vom Jubel über den beendeten Krieg begleitet. Als er schließlich in die Stadt einzog, um seinen Triumph über Hannibal zu feiern, brachte er eine gewaltige Beute mit sich. Wieder einmal hatte Rom allen Anfechtungen getrotzt und sich gegen seine Widersacher durchgesetzt. Niemand mehr sollte von nun an den Römern die Vorherrschaft im westlichen Mittelmeerraum streitig machen.

Polybios, der Chronist des 2. römisch-karthagischen Krieges, der unter dem Eindruck der römischen Weltreichsbildung zum Universalhistoriker geworden ist, schreibt über den siegreichen römischen Staat: „Denn daß die Römer ihre Hand nach Iberien oder wiederum nach Sizilien ausstreckten und mit Landheer und Flotten Expeditionen dorthin unternahmen, ist für sich betrachtet nicht weiter bemerkenswert; wenn man aber bedenkt, daß diese Unternehmungen gleichzeitig mit vielfältigen anderen durch denselben Staat, dieselbe Regierung durchgeführt wurden und daß die, die das alles ins Werk setzten, zur selben Zeit im eigenen Lande einen Krieg um ihre Existenz zu führen hatten und in größter Gefahr schwebten, dann erst werden die Ereignisse im rechten Licht erscheinen und die Aufmerksamkeit und Bewunderung finden, die sie verdienen" (Polybios VIII 4).

Die gewaltigen Anstrengungen der Römer, Ergebnis der ungewöhnlich langen Kriegsdauer, die zur Bewältigung zahlreicher Herausforderungen führten, blieben in Hinblick auf die künftige Ausgestaltung des römischen Gemeinwesens nicht ohne Konsequenzen. Betrachten wir zunächst die römische Führungsschicht, so vollzogen sich dort auffällige Veränderungen. Die im Zuge der Kriegführung notwendig gewordene Verlängerung der Magistraturen über die übliche einjährige Amtszeit hinaus verschaffte einer Reihe von Senatoren eine über Jahre sich erstreckende Amtsdauer und damit eine quasi monarchische Befehlsgewalt. Sie vom hohen Roß ihrer Ausnahmestellung in das Reih-und-Glied-System der senatorischen Gleichheit zurückzuführen, sollte sich zu einem der größten Probleme der römisch-republikanischen Adelsgesellschaft entwickeln.

Bewährt hatte sich das durch zahlreiche persönliche Beziehungen zwischen der stadtrömischen und den landstädtischen Aristokratien enggeknüpfte Band der römisch-italischen Wehrgenossenschaft, die Hannibal trotz vielerlei Bemühungen nicht zu sprengen vermocht hatte. Rom und Italien wuchsen enger zusammen. Trotz aller Spannungen, die fortbestanden und noch auftreten sollten, war der Weg zur Integration gewiesen, das Erreichen dieses Ziels nur eine Frage der Zeit.

Das entscheidende Ergebnis des Kriegs war zweifellos der auf Kosten der ehemals karthagischen Besitzungen in Gang gekommene Prozeß der Weltreichsbildung. Sardinien, Sizilien und Hispanien bildeten nun das um Rom und Italien sich gruppierende territoriale Vorfeld des im Entstehen begriffenen *imperium Romanum*. Daß sich unmittelbar nach Kriegsende die Augen der Römer nun nach Griechenland und den Ostteil der Mittelmeerregion richteten, war die logische Folge dieser nicht mehr aufzuhaltenden Entwicklung. Dennoch war die

Hypothek des Krieges für Italien gewaltig. Ganze Landschaften, vor allem im Zentrum und im Süden der Halbinsel, waren entvölkert oder verwüstet. Um wirksame Abhilfe schaffen zu können, waren umfassende politische, ökonomische und soziale Reorganisationsmaßnahmen erforderlich. Von deren Gelingen sollte die künftige Stabilität der auf imperialem Höhenflug sich befindenden römischen Gesellschaft abhängen.

IX. Rückkehr nach Karthago: Ein neuer Anfang?

Unsere Kenntnis der letzten Lebensphase Hannibals ist im Vergleich zu der davorliegenden Zeit äußerst dürftig. Solange er Rom in Atem hielt, konnte er sich der vollen Aufmerksamkeit der antiken Autoren sicher sein. Nun, da sein weiterer Lebensweg nur partiell mit der römischen Politik in Berührung kam, schwächte sich das Interesse an seiner Person deutlich ab. Das ist der Grund für die vergleichsweise geringe Informationsdichte über die Nachkriegszeit. Diese betrifft zunächst seinen Aufenthalt in Karthago (200–195 v. Chr.), der von Hannibals Engagement für die inneren Angelegenheiten seiner Heimatstadt erfüllt ist. Haben wir ihn bislang hauptsächlich als Feldherrn kennengelernt, so tritt er uns nun in seiner Eigenschaft als karthagischer Politiker und Staatsmann gegenüber.

Jahrzehntelang war Hannibal von seiner Heimatstadt abwesend gewesen. Zweifellos hatte er sich seine Rückkehr unter wesentlich günstigeren Bedingungen vorgestellt. Seine Brüder Hasdrubal und Mago, die einst mit ihm nach Hispanien gezogen waren, lebten nicht mehr. Über das Schicksal seiner Schwestern ist nichts bekannt. Vieles, was er inzwischen in Karthago vorfand, muß ihm fremd vorgekommen sein. Sicherlich hoffte er auf den Beistand von Jugendfreunden, Verwandten und politischen Anhängern. Wir können aus dieser Lebensphase sehr wenig Privates in Erfahrung bringen. Wichtig war nun, wie die öffentliche Meinung Karthagos reagieren würde. Wie würde man ihn empfangen? Hatte er Vorwürfe zu befürchten? Wollte man ihn zum Sündenbock für den verlorenen Krieg abstempeln? Wie groß war noch sein Prestige? Drohten ihm Sanktionen?

Immerhin hatte Hannibal einen langen, mörderischen Krieg geführt, der unzählige Menschenleben gekostet und den Großteil der akkumulierten Ressourcen Karthagos aufgezehrt hatte. Durch den Friedensvertrag mit Rom war seine Heimatstadt mit einer schweren Hypothek belastet worden.

Auf der anderen Seite blieb die Erinnerung an seine Taten lebendig, an die wiederholten Siege des jetzt gedemütigten Karthago über Rom. Für viele Mitbürger galt Hannibal nach wie vor als leuchtendes Vorbild, als ein lebender Beweis für die eigene Leistungsfähigkeit, vielleicht sogar als Hoffnung für die äußerst düstere Zukunft.

Jetzt, nachdem die schwere Bürde der Friedensbedingungen in der karthagischen Bürgerschaft sich bemerkbar machte, stand die Neuorientierung der künftigen karthagischen Politik auf der Tagesordnung. Ziel aller Anstrengungen war die Gesundung der durch die lange Kriegsdauer und den Verlust der überseeischen Besitzungen angeschlagenen Wirtschaft. Es galt, die Kriegsschäden zu beseitigen, den Handel wieder in Gang zu bringen und die landwirtschaftlichen Möglichkeiten der noch unter karthagischer Kontrolle verbliebenen nordafrikanischen Territorien zu potenzieren. Die jährlich zu leistende Reparationszahlung von 200 Talenten mußte angesichts der leeren Staatskassen auf die Bürger umgelegt werden. Die Beschaffung dieser Summen hatte Priorität, denn, wie die Karthager aus leidvoller Erfahrung wußten, war mit den Römern in solchen Angelegenheiten nicht zu spaßen.

Der stets in Karthago schwelende Gegensatz zwischen den Verfechtern einer Überseepolitik und den Befürwortern einer Konzentrierung auf Nordafrika war nun, angesichts der von Rom diktierten Friedensbedingungen, obsolet geworden. Die Auslieferung der Flotte schloß größere maritime Unternehmungen aus. Möglich war nach wie vor die Wiederaufnahme des Überseehandels. Hinsichtlich der nordafrikanischen Politik bedeutete die starke Stellung Massinissas zwar ein Hindernis, aber wohl kein unüberwindliches.

Die Frage war nun, welchen Platz der heimgekehrte Hannibal im politischen Gefüge Karthagos einnehmen würde. War gar ein völliger Rückzug aus der Politik zu erwarten? Eine gegen ihn gerichtete Klage schien dies anzustreben. Hannibal wurde von seinen innenpolitischen Gegnern vorgehalten, Rom absichtlich nicht erobert zu haben. Ferner wurde er der Unterschlagung der Kriegsbeute beschuldigt. Doch er vermochte

diese Vorwürfe ohne große Mühe zu entkräften. Die Klage wurde abgewiesen.

Vorerst blieb Hannibal auch nach Kriegsende Inhaber des höchsten militärischen Kommandos über die verbliebenen Truppen, die nun Garnisonsdienste zu verrichten hatten. Bald darauf wurde er aber auf Druck der Römer aus seinem Militäramt entfernt. Was er in dieser Zeit tat, läßt sich nicht in Erfahrung bringen. Wir können nicht genau sagen, ob er sich auf seine nordafrikanischen Landgüter zurückzog oder ob er sich in der Stadt aufhielt.

Die nächste Nachricht über ihn datiert aus dem Jahre 197 v. Chr. Damals wurde er zum Suffeten, also zum höchsten zivilen Amtsträger der Stadt für das folgende Jahr gewählt. Der Name des anderen Suffeten, Hannibals Amtskollege, ist nicht bekannt.

Der Vorgang kann als Hinweis auf die noch vorhandene Anhängerschaft der Barkiden innerhalb der karthagischen Bürgerschaft gewertet werden. Aus seiner Amtszeit wird eine Episode überliefert, die uns die mit den Reparationszahlungen an Rom zusammenhängenden Geldnöte Karthagos verdeutlicht. Wegen der angespannten Lage des karthagischen Staatshaushalts geriet Hannibal mit einem der höchsten Steuereintreiber in Konflikt. Livius (XXXIII 46, 3) nennt ihn *quaestor*, die gängige römische Bezeichnung für die höchsten Finanzbeamten. Dieser weigerte sich vor Hannibal zu erscheinen und seine Rechnungsführung offenzulegen. Er wog sich in Sicherheit, da er nach Ablauf seiner Amtszeit lebenslänglich Mitglied im Gerichtshof der Einhundertvier, einem Bollwerk der karthagischen Aristokratie, werden sollte. Hannibal ließ ihn verhaften und vor der Volksversammlung anklagen. Ferner legte er einen Gesetzesvorschlag vor, der die Amtsdauer der Mitglieder des Kollegiums der Einhundertvier auf ein Jahr begrenzte und sofortige Iteration (Wiederholung der Amtszeit) ausschloß. Damit versetzte Hannibal seinen innenpolitischen aristokratischen Gegnern einen schweren Schlag.

Hannibal brachte seine Vorhaben durch. Die Volksversammlung bestätigte seine Gesetzesinitiativen. Schließlich machte er als unbestechlicher Reformer von sich reden. Er deckte eklatante Fälle von Amtsmißbrauch und Korruption bei den Steuerbehörden auf, ließ die Verantwortlichen bestrafen und sorgte für ein durchsichtigeres und effizienteres System der Steuereintreibung.

Offenbar war den von Hannibal eingeleiteten Reformen der inneren Verwaltungsstrukturen Karthagos ein durchschlagender Erfolg beschieden. Die öffentlichen Finanzen erholten sich zusehends. Bald waren die Karthager in der Lage, eine geordnete Finanzpolitik zu betreiben. Die dabei erzielten Überschüsse reichten nun aus, um die römischen Reparationsforderungen zu befriedigen und darüber hinaus Rücklagen zu bilden. Ausgeschlossen von den großen außenpolitischen Unternehmungen brachte die erzwungene Rückbesinnung auf reine innenpolitische Angelegenheiten Karthago durchaus Vorteile. Die Mittel, die in der Vergangenheit für Bau und Unterhalt der Kriegsflotte sowie für die Entlohnung der Söldner aufgewendet wurden, konnten nun in den Landesausbau investiert werden. Die besiegte und politisch geschwächte Stadt erlebte damals einen beispiellosen ökonomischen Aufschwung, deren tragende Säulen eine leistungsfähige Landwirtschaft und ein gewinnbringender Handel waren.

Hannibals energisches Eintreten für mehr Steuergerechtigkeit und eine effizientere Finanzverwaltung verschaffte ihm nicht nur Freunde. Einige einflußreiche Mitglieder der karthagischen Führungsschicht, die an den von Hannibal aufgedeckten Korruptionsaffären beteiligt gewesen waren, sannen auf Rache. Sie wollten ihn aus Karthago entfernen. Zu diesem Zweck inszenierten sie in Rom eine Diskreditierungskampagne gegen Hannibal, dem sie vorwarfen, im Bunde mit dem seleukidischen König Antiochos III. eine Koalition von Romfeinden zu schmieden. Die Römer hörten die gegen Hannibal vorgetragenen Beschwerden nicht ungern, verschafften sie ihnen doch eine Handhabe, dem gefürchteten Feind zu schaden. Mit Ausnahme von Scipio, der Größe bewies, als er die Haltlosigkeit der Beschuldigungen erkannte und um Mäßigung bat, lieh die Mehrheit des Senats den Gerüchten Gehör. Eine römische Delegation brach nach Karthago auf, um die Auslieferung Hannibals zu verlangen. Dieser, der sich über den Ernst der Lage im klaren war, entzog sich der drohenden Verhaftung durch die Flucht (Sommer 195 v. Chr.).

Diese Vorgänge markieren einen dramatischen Tiefpunkt im Leben Hannibals und in der Geschichte Karthagos. Etwa zwanzig Jahre zuvor, als Hannibal Stratege in Hispanien gewesen war, erschien schon einmal eine römische Gesandtschaft in Karthago, um seine Auslieferung zu fordern. Voller Selbstbewußtsein wies damals der karthagische Rat das römische Ansinnen ab und zeigte sich bereit, lieber einen Krieg in Kauf zu nehmen, als den Römern willfährig zu sein. Jetzt traten die römischen Gesandten wie Herren in Karthago auf, und die Mitglieder des karthagischen Rates kollaborierten mit ihnen bis an die Grenze der Selbstverleugnung. Das Vermögen des geflüchteten Hannibal wurde eingezogen, sein Haus dem Erdboden gleichgemacht. Die Erinnerung an die Barkidenfamilie sollte ausgelöscht werden, und die karthagischen Behörden halfen dabei mit.

Hannibals Aufenthalt in Karthago blieb eine ephemere Episode. Er hatte den Gang zurück in seine Heimatstadt nicht freiwillig, sondern gezwungenermaßen angetreten. Aufgrund des verlorenen Krieges und der gewaltigen Zunahme der römischen Macht gestaltete sich seine Stellung als äußerst prekär. Obwohl er genügend Anhänger in Karthago besaß, bedeutete dies nicht, daß er vor den Angriffen seiner Gegner völlig geschützt war. Solange die Fäden der karthagischen Politik in Rom zusammenliefen und dort in letzter Instanz über die inneren Belange Karthagos mitentschieden wurde, mußte Hannibal um sein Schicksal bangen. Wo konnte er sich schon sicher fühlen? Nach Lage der Dinge konnte dies nur dort der Fall sein, wo dem römischen Einfluß Grenzen gesetzt waren. Sehr groß waren die Wahlmöglichkeiten allerdings nicht. Der hellenistisch geprägte Osten der Mittelmeerwelt bot hierfür die einzige Alternative.

Als neunjähriger Junge war Hannibal in Begleitung seines Vaters in ein Land des fernen Westens gereist, das große Erwartungen für die Wiederherstellung seiner angeschlagenen

Heimat verhieß. Nach dem verlorenen 2. römisch-karthagischen Krieg trat der inzwischen 52-jährige Hannibal einen wesentlich schwereren Gang nach Osten an. Ob er damals die Hoffnung hegte, ähnlich wie in Hispanien, sich ein neues Reservoir für weitere Pläne zu erschließen?

Als Folge ihres Sieges über Hannibal hatten sich die Römer jenseits der Adria politisch und militärisch engagiert. Als sie dort einschritten, waren die bestimmenden Mächte heillos miteinander zerstritten. 205/4 v. Chr. war es in Alexandria zur Thronbesteigung eines noch unmündigen Kindes gekommen (Ptolemaios V. Epiphanes), was Philipp V. von Makedonien und den Herrscher des seleukidischen Reiches, Antiochos III., dazu veranlaßte, einen Vorstoß gegen die ptolemäischen Besitzungen in Syrien und der Ägäis zu unternehmen. Von diesem Machtzuwachs aufgeschreckt, baten die Mittelstaaten Pergamon, Rhodos und Athen die Römer um Hilfe (Polybios XVI 23–28). Unter dem Eindruck der Karthagergefahr wollte das siegreiche Rom eine Großmachtbildung im Ägäisraum unterbinden, zumal dies mit geringem Kraftaufwand erreichbar schien.

Im Jahre 197 v. Chr. errang der Consul Titus Quinctius Flamininus bei Kynoskephalai einen entscheidenden Sieg über Philipp V. von Makedonien, der dabei seine Vorherrschaft über Griechenland einbüßte. Die seit der Epoche Alexanders des Großen anerkannte Dominanz der makedonischen Phalanx wurde durch die Schlagkraft der römischen Legionen abgelöst. Im darauffolgenden Jahr verkündete Flamininus bei den Isthmischen Spielen von Korinth die Freiheitserklärung für die griechischen Stadtstaaten, die ihre große Wirkung auf die hellenische Öffentlichkeit nicht verfehlte. Die Initiative könnte als Antwort auf den von Hannibal 218 v. Chr. zu Beginn des 2. römisch-karthagischen Krieges mit Blick auf die griechische Öffentlichkeit verkündete Befreiungsaufruf verstanden werden. Die Römer wollten den besiegten Feind mit den gleichen Waffen schlagen, und so entschloss sich Flamininus zu dieser äußerst wirksamen Proklamation. Die römische Politik ist danach von einer deutlichen Zurückhaltung geprägt. Man hatte die Gegner niedergeworfen, sie aber keinesfalls vernichtet. Rom hatte das lange vorherrschende politische Gleichgewicht in der Region unter Aufbietung sparsamer Mittel in folgenschwerer Weise verändert, aber keine Neuordnung vorgenommen. Inmitten dieser unentschiedenen, spannungsgeladenen Lage begab sich Hannibal an einen von antirömischen Ressentiments erfüllten Zufluchtsort.

X. Auf der Flucht: Hannibal im Osten

Hannibal ging nicht in den Osten, um den Krieg gegen Rom um jeden Preis erneut zu entfachen. Wenn man allerdings glauben möchte, er sei damals ein gebrochener, resignierter Mann gewesen, so beweisen seine unermüdlichen Aktivitäten, die er in den nächsten Jahren entfalten sollte, genau das Gegenteil. Hannibal verließ 195 v. Chr. Karthago, weil er sich von den Römern bedroht fühlte und um seine Sicherheit fürchtete.

Nach einer abenteuerlichen Schiffsreise gelangte er über Tyros, wo er freundliche Aufnahme fand, und über Antiochia nach Ephesos. Hier traf er mit König Antiochos III. zusammen (Herbst 195 v. Chr.). Mit Sicherheit freute sich der Seleukidenherrscher, den berühmten Rivalen der Römer an seinem Hof willkommen zu heißen. Von ihm erhoffte er sich Informationen aus erster Hand über die politischen Verhältnisse im westlichen Mittelmeerbereich. Vor allem war er interessiert, sich ein Bild vom römischen Machtpotential machen zu können. Antiochos hatte ein gespanntes Verhältnis zu den Römern. Sie hatten unlängst, bei der Konferenz von Lysimacheia, von ihm einen Verzicht auf einige eroberte Städte gefordert, die früher im Besitz der Antigoniden bzw. Ptolemäer gewesen waren. Antiochos empfand das römische Vorgehen als ungerechtfertigte Einmischung. Man kann sich nur allzugut vorstellen, wie sehr ihn Hannibal darin bestärkt haben wird. Dieser setzte seine ganze Überredungskunst ein, um den König von der Notwendigkeit eines Präventivschlages gegen Rom zu überzeugen. Getreu seiner früheren Taten plädierte Hannibal für einen erneuten Angriff in Italien, um die Römer endlich auf ihrem eigenen Terrain zu bezwingen.

Hannibal unterbreitete Antiochos den Plan, jener möge ihn selbst an der Spitze einer wohlausgerüsteten Armee nach Karthago aussenden, damit er von dort aus den Krieg ins römische Hinterland hineintragen könnte. In der Zwischenzeit sollte Antiochos von Griechenland aus die Feindseligkeiten eröffnen und sich bereit halten für die Überfahrt nach Italien.

Diese Absicht wurde in Karthago bekannt. Die innenpolitischen Gegner der Barkiden beeilten sich, daraus politisches Kapital zu schlagen. Sie brachten die karthagischen Behörden dazu, eine Delegation nach Rom zu schicken, um die Planungen Hannibals zu enthüllen. Auf diese Weise hoffte man die Römer günstig zu stimmen und erwartete als Gegenleistung Unterstützung gegen Massinissa, der immer wieder für Karthago inakzeptable territoriale Forderungen stellte und gewöhnlich auf römischen Beistand rechnen durfte.

Die Römer reagierten auf diese Lage mit der Aussendung von zwei Gesandtschaften. Die eine, der Publius Cornelius Scipio angehörte, ging nach Karthago, um weitere Erkundigungen einzuholen und durch ihre Präsenz die Reste der probarkidischen Partei einzuschüchtern.

Weitere römische Emissäre reisten an den Hof des Seleukidenkönigs Antiochos. Dieser befand sich, als die römischen Delegierten eintrafen, nicht in Ephesos, da er einen Feldzug in Pisidien durchführte. Dafür begegneten die römischen Gesandten dort einem anderen prominenten Gesprächspartner: Hannibal. Das Treffen nutzten die Römer aus, um Mißtrauen zwischen Hannibal und Antiochos zu säen, was ihnen zeitweise gelungen zu sein scheint. Dadurch wurde Hannibals Lage am Hof des Antiochos nicht leichter. Kam es zu einer Verständigung zwischen Römern und Seleukiden, dann bestand für Hannibal die akute Gefahr, auf dem Altar der römischseleukidischen Verständigung geopfert zu werden. Der karthagische Flüchtling bewegte sich damals auf einem schmalen Grat und mußte überall, wohin er sich auch begab, auf der Hut sein. Der bewährte Feldherr befand sich inmitten eines schwer durchschaubaren Intrigenspiels. Zu seinem Glück erreichte die römische Delegation ihr Ziel nicht und mußte unverrichteter Dinge abreisen.

Die Würfel zugunsten eines kriegerischen Vorgehens der Seleukiden gegen Rom waren damit gefallen. Hannibal kam dabei die Aufgabe zu, gemäß seines Konzepts von Nordafrika aus kriegerische Auseinandersetzungen gegen Rom zu entfachen. Begleitet von einer kleinen Flotte, lief er zunächst Kyrene an. Von hier aus wollte er die Stimmungslage in Karthago erkunden. Diese war gespalten, da die Feinde der Barkiden an einem Einvernehmen mit Rom interessiert waren und auf keinen Fall das Risiko eines neuen Krieges eingehen wollten.

Dennoch gab Hannibal die Hoffnung nicht ganz auf, bei passender Gelegenheit doch noch einen Meinungsumschwung in Karthago herbeizuführen. Zumal er bei einem Besuch des libyschen Ammon-Orakels einen günstigen Bescheid erhalten hatte. Da er aber im Augenblick in Nordafrika nichts auszurichten vermochte, kehrte er nach Asien zurück, um an der Seite von Antiochos an den bevorstehenden Kämpfen gegen Rom teilzunehmen (192 v. Chr.).

Die lang geplante griechische Expedition wurde aber von Antiochos nur halbherzig betrieben. In Ermangelung einer klaren politischen und strategischen Konzeption verzettelte sich die völlig unzureichende Invasionsarmee in zahlreiche Einzelaktionen, die keinen entscheidenden Durchbruch zu erzielen vermochten. Hannibals Vision, von Nordafrika aus Norditalien zu bedrängen, während Antiochos von Epirus aus Griechenland schützte und gleichzeitig Süditalien bedrohte, erwies sich als undurchführbar. Dennoch wurden diese Pläne bekannt, und die griechische Öffentlichkeit, die an derartigen wagemutigen Projekten lebhaften Anteil nahm, registrierte sie mit Wohlwollen. Ausdruck dieser Stimmung ist die Prophezeiung des Boupalos, wonach der erzürnte Zeus die römische Herrschaft beenden werde. Phlegon von Tralleis (FGrHist 257 F 36 III) berichtet, wie der bei den Thermopylen mehrfach verwundete Hipparch Boupalos sich ins römische Lager begab und seine Mahnbotschaft verkündete.

Der von Beginn an nicht konsequent genug betriebene Zug des Antiochos durch Griechenland scheiterte vollständig. Die seleukidischen Truppen wurden an den Thermopylen von den Legionen des Consuls Marcus Acilius Glabrio geschlagen (191 v. Chr.) und zogen sich daraufhin nach Kleinasien zurück. Eine einzige Schlacht hatte genügt, um die Vertreibung des Antiochos aus Griechenland zu erzwingen. Die Römer setzten nicht nach, und so bekam Antiochos Zeit, um sich auf die Abwehr eines bevorstehenden römischen Vorstoßes nach Kleinasien vorzubereiten.

Hannibal, der an dem Landkrieg in Griechenland nicht teilgenommen hatte, wurde mit der Mission nach Phönikien geschickt, eine Flotte für den Schutz Kleinasiens zu beschaffen. Vor Side kam es zwischen der seleukidischen und der rhodischen Flotte zu einem Gefecht, das die Rhodier, die mit den Römern verbündet waren, für sich entscheiden konnten. Unverständlicherweise hatte Antiochos Hannibal mit der Durchführung einer maritimen Operation betraut, anstatt ihm, dem erfahrenen Militärtaktiker, ein Kommando zu geben, oder ihn wenigstens als Berater bei der entscheidenden Landschlacht gegen die Römer in der Nähe von Magnesia einzusetzen, bei der erstmalig eine römische Armee auf asiatischem Boden intervenierte (189 v. Chr.).

Während des römisch-seleukidischen Konfliktes blieb der römische Klientelstaat Karthago nicht untätig. In Erfüllung seiner Bündnispflicht stellte er dem römischen Admiral Gaius Livius Salinator sechs Schiffe zur Verfügung. Außerdem belieferten die Karthager die römischen Truppen mit Getreide und boten die Rückzahlung der noch ausstehenden Kriegsreparationen auf einmal an. Da es sich dabei um gewaltige Summen handelte, muß man annehmen, daß die während Hannibals Suffetat (196 v. Chr.) durchgeführten Finanzreformen dem karthagischen Staat eine äußerst wirksame und schnelle ökonomische Gesundung ermöglicht hatten. Dieses Tilgungsangebot lehnten die Römer jedoch ab. Offenbar wollten sie bei den Karthagern das Gefühl ihrer Abhängigkeit gegenüber Rom möglichst lange wachhalten.

Nach dem römischen Sieg bei Magnesia, der durch den Friedensvertrag von Apameia (188 v. Chr.) unterstrichen wurde, verlangte der römische Feldherr Lucius Cornelius Scipio von Antiochos die Auslieferung Hannibals. Doch der Seleukidenkönig hielt Hannibal die Treue und ermöglichte ihm die Abreise aus Kleinasien.

Stationen der Flucht Hannibals

Etwa fünf Jahre, nachdem er sich überstürzt aus Karthago abgesetzt hatte, befand sich Hannibal erneut auf der Flucht. Die Zahl der noch in Frage kommenden Exilorte hatte sich inzwischen weiter vermindert. Welche Stadt, welcher Herrscher würde sich durch die Gewährung von Gastrecht auf einen Konflikt mit den Römern einlassen wollen?

Von Side fuhr Hannibal mit einem Schiff nach Kreta, wo er in der Stadt Gortyn Station machte (Sommer 189 v. Chr.). Sein dortiger Aufenthalt wird von der Episode um Hannibals Gold beherrscht. Cornelius Nepos hat folgenden Bericht darüber verfaßt: „Er [Hannibal] füllte mehrere Amphoren mit Blei, das er am Rand des Gefäßes mit einer dünnen Schicht Gold bedeckte, brachte diese in Gegenwart der kretischen Behörden in den Artemistempel und tat so, als ob er ihnen sein Vermögen zu Treu und Glauben anvertraue. Nachdem er diese so irregeführt hatte, füllte er eherne Statuen, die er mit sich auf die Insel gebracht hatte, und legte sie, als ob sie wertlos seien, im Vorhofe des Hauses nieder, das er bewohnte" (Cornelius Nepos, Hannibal 9).

Was jedoch an dieser Geschichte Legende und Wahrheit ist, läßt sich schwer bestimmen, da deren Komponenten weitverbreitete Topoi enthalten: Die Kreter galten als diebisch und verschlagen, und Hannibal stand im Ruf, geldgierig zu sein.

Jedenfalls hielt sich Hannibal nicht lange in Gortyn auf, da die römische Präsenz in der Region immer stärker wurde und er sich dadurch bedroht fühlte. Noch im Jahr 189 v. Chr. führte ihn sein Weg bis nach Armenien.

Das Land hatte unter Artaxias die Unabhängigkeit vom Seleukidenreich erlangt. Es ist durchaus denkbar, daß Hannibal den armenischen König von seinem früheren Aufenthalt am Hof des Antiochos bereits kannte. In Armenien angekommen, übertrug ihm der armenische Herrscher die Oberaufsicht über den Bau der neuen Residenzstadt Artaxata. Das Projekt beruhte auf Entwürfen von Hannibal, der hierfür maßgebliche Planungen vorgelegt hatte. Doch auch diese neue Facette im Leben des berühmten Karthagers sollte nicht von Dauer sein. Aufgeschreckt durch die Zunahme des römischen Einflusses in Ostkleinasien verließ Hannibal das bisher als sicher geltende Armenien und begab sich erneut auf die Suche nach einem geeigneten Zufluchtsort.

Den fand er in Bithynien, dessen König Prusias aufgrund seines Dauerkonflikts mit den römischen Verbündeten in Kleinasien, den Königen von Pergamon, mit den Römern verfeindet war. Bald sah sich Hannibal in die lokalen kriegerischen Auseinandersetzungen zwischen Bithynien und Pergamon involviert, und wieder war sein Talent als Militärfachmann gefragt. Ähnlich wie in Armenien soll er auch hier auf Geheiß des Königs die Stadt Prusa (heute Bursa) angelegt haben (184 v. Chr.).

Der letzte Abschnitt im Leben Hannibals begann mit dem Auftreten des römischen Gesandten Titus Quinctius Flamininus in Bithynien (183 v. Chr.). Dieser war als Schlichter im

Streit zwischen Pergamon und Bithynien gekommen, doch bald spielte auch die Frage nach der Zukunft Hannibals eine Rolle.

Über die sich nun abspielenden Ereignisse sind mehrere Versionen erhalten. Je nach Standort weisen sie die Verantwortung für den Freitod Hannibals Prusias bzw. Flamininus zu. Seit seiner Flucht aus Karthago (195 v. Chr.) war Hannibal durch die ganze hellenisierte Welt des Ostens gereist. Zeitweise hatte er in Ephesos, Kreta, Armenien und Bithynien Zuflucht genommen, ohne jedoch irgendwo ein Zuhause zu finden.

Wie ein Kämpfer, der allein und einsam unzähligen Anfechtungen ausgesetzt war, mußte er am Ende seines Lebens mit ansehen, wie unerbittlich er einem Schicksal ausgeliefert war, dessen Regieanweisungen in Rom gegeben wurden. Gezeichnet von Ohnmacht und Resignation sah er in der gegenwärtigen Bedrängnis wohl keinen anderen Ausweg als den Freitod.

Livius hat uns seine letzten Worte mitgeteilt. Sie sollen folgendermaßen gelautet haben: „Wir wollen das römische Volk von einer langen Sorge befreien, da es glaubt, es dauere zu lange, auf den Tod eines alten Mannes zu warten. Flamininus wird keinen großen und denkwürdigen Sieg über einen Unbewaffneten und Verratenen erringen. Wie sehr sich die Sitten des römischen Volkes geändert haben, wird gerade dieser Tag beweisen. Ihre Väter haben König Pyrrhos, einen bewaffneten Feind, der mit einem Heer in Italien stand, gewarnt, er solle sich vor Gift hüten. Nun haben sie einen ehemaligen Consul als Gesandten geschickt, um Prusias zu veranlassen, seinen Gast frevelhaft umzubringen" (Livius XXXIX 51, 9).

Das genaue Datum seines Todes ist umstritten. Livius gibt das Jahr 183 v. Chr. an, Polybios dagegen nennt das darauffolgende Jahr. Begraben wurde er im bithynischen Libyssa.

Den Tod Hannibals überlebte seine Heimatstadt nicht lange. Zwei Generationen später wurde sie von den Römern dem Erdboden gleichgemacht (146 v. Chr.), und ein Mitglied der Scipionenfamilie, Publius Cornelius Scipio Aemilianus, kommandierte damals die Armee, die diesen Akt der Unerbittlichkeit vollzog. Noch einmal wurde das Gespenst einer karthagischen Bedrohung *(metus Punicus)*, das mit der Chiffre Hannibal verbunden war, instrumentalisiert, um eine derartig barbarische Tat zu rechtfertigen. Die Angst vor Hannibal dauerte auch nach seinem Tod an. Wenn die Römer sich sein Wirken vergegenwärtigten, bekam die Karthagergefahr stets wieder neue Nahrung. Schließlich hatte kein anderer sie so sehr das Fürchten gelehrt. Darin lag schließlich die Ursache für den Untergang seiner Heimatstadt.

Nachwort

Wie nur wenige Menschen der Antike ist Hannibal im Bewußtsein der Nachwelt lebendig geblieben. Zu ungewöhnlich und aufsehenerregend waren seine Taten, als daß sie der Vergessenheit anheim fallen konnten. Sein Wagemut und seine Entschlossenheit, als er den mächtigsten Staat der damaligen Welt herausforderte, seine spektakulären Leistungen, als er Rom in die Enge trieb, hielten das Interesse an seiner Person über die Jahrhunderte hinweg wach. Die schrecklichen Begleiterscheinungen und Folgen dieses Ringens, das unzählige Menschenleben kostete und ganze Landschaften in Mitleidenschaft zog, wurden eher beiläufig vermerkt. Doch auch diese Tatsachen sind ein unauflöslicher Bestandteil von Hannibals Wirken.

Während die Erinnerung an seine Heimatstadt Karthago zunehmend verblaßte, blieb jene an Hannibal stets aktuell. Allerdings war die Vergegenwärtigung seiner historischen Rolle Schwankungen unterworfen. Es entwickelte sich nicht ein einziges Hannibalbild, sondern mehrere. Sie sind das Ergebnis von späteren zeitgenössischen Interpolationen. Jede Epoche hat bestimmte spezifische Merkmale ihrer jeweiligen Hannibalexegese beigemengt. So stand die Hannibalcharakteristik des Livius in Einklang mit der „nationalrömischen" Erneuerungsbewegung der augusteischen Zeit, derzufolge die Betonung angeblicher punischer ‚Negativeigenschaften' der Kontrastierung mit der ‚Geradlinigkeit des römischen Wesens' diente.

In dem Maße wie die ehemals fremden Provinzen, zu denen unter anderen auch Nordafrika gehörte, zur Einheit des *imperium Romanum* zusammenwuchsen, schwächte sich das aus römisch-italischer Perspektive hervorgegangene Bild des grausamen und habgierigen Puniers ab. Hannibal wandelte sich immer mehr zu einem Synonym für militärische Genialität und politische Tatkraft. Der aus Nordafrika stammende Kaiser Septimius Severus empfand aufrichtige Bewunderung für seinen „Landsmann". So ließ er sein Grab restaurieren und prächtig ausstatten. Ein Mitglied des Constantinischen Kaiserhauses hieß sogar *Hannibalianus*.

Die bildende Kunst der frühen Neuzeit holte Hannibal, der in zahlreichen spätmittelalterlichen Miniaturen präsent gewesen war, erneut auf die große Leinwand. Die bekanntesten Taten seines Lebens wurden immer wieder thematisiert: Der Alpenübergang, die Schlachten bei Cannae und Zama, ebenso die dramatischen Episoden aus den Biographien Scipios, Massinissas, Sophonibas etc.

Für Napoleon war Hannibal ein Vorbild, dem er bei seinen italienischen Feldzügen nacheiferte. In dem berühmten Reiterporträt von David „Bonaparte franchissant les Alpes" aus dem Jahre 1801 kann man die Namen von Hannibal und Karl dem Großen erkennen. Beide Persönlichkeiten verkündeten ein Programm, das der große Korse in die Tat umsetzen sollte. Während seines Exils in Sainte-Hélène verfaßte Napoleon eine begeisterte Parteinahme zugunsten des größten Feldherrn des Altertums.

Den entscheidenden Durchbruch in das Bewußtsein der Gegenwart schaffte Hannibal dank der zahlreichen historischen Literatur, die sich seit dem 19. Jahrhundert bis heute mit ihm beschäftigt. Eine besondere Wirkung ging von Gustave Flauberts „Salammbô" aus. Für deren Protagonistin, eine Schwester Hannibals, erfand Flaubert den phantasievollen Namen, der als Titel seines Romans Weltberühmtheit erlangte. In Flauberts Karthagobild erkannte die europäische Gesellschaft der Belle-Epoque die eigenen Orientvorstellungen wieder. Während seiner Arbeit an „Salammbô" bekannte Flaubert: „Ich schwelge im Altertum, wie andere sich an Wein berauschen." Hier erscheint Karthago wie ein Raritätenkabinett voller Rätsel und Bedrohungen, düster und geheimnisvoll. Die darin handelnden Personen sind von einem Hauch mythischer Wirklichkeit umhüllt. Wesentliche Züge dieses Szenarios, das kaum noch Bezüge zur historischen Realität aufweist, sind bis heute lebendig geblieben. Davon zeugen die jüngsten Hannibalnovellen (Gisbert Haefs: Hannibal, 1989; Ross Leckie: Ich

Hannibal, 1995), die so gut wie auf keinen der aus einem Gemenge von Exotik und Gewalt gestampften Gemeinplätze verzichten.

Um so wichtiger ist es daher, sich auf die den strengen Maßstäben der Geschichtswissenschaft verpflichtete Hannibal- und Karthagoforschung zu besinnen. In den monumentalen Werken von Otto Meltzer, Geschichte der Karthager (3 Bde.), Berlin 1879–1913 oder Stéphane Gsell, Histoire Ancienne de l'Afrique du Nord (8 Bde.), Paris 1920–1928, um nur diese zu erwähnen, wurden die Grundlagen eines quellenkritischen, nüchternen Geschichtsbildes entworfen. Ihnen ist jede vom historischen Erkenntnisinteresse geleitete Beschäftigung mit der Materie verpflichtet, nicht zuletzt auch die vorliegende Hannibalbiographie.

Zeittafel

247 v. Chr.	Geburt Hannibals in Karthago. In diesem Jahr wurde sein Vater Hamilkar mit der Kriegführung in Sizilien beauftragt.
241 v. Chr.	Der Frieden des Lutatius beendet den 1. römisch-karthagischen Krieg.
241–238 v. Chr.	Söldnerkrieg in Nordafrika.
237 v. Chr.	Hamilkar unternimmt an der Spitze eines Heeresaufgebotes eine Expedition nach Hispanien, Hannibal ist in seiner Begleitung.
229 v. Chr.	Hamilkar, Hannibals Vater, stirbt bei der Belagerung der iberischen Stadt Helike. Hasdrubal wird sein Nachfolger.
um 227 v. Chr.	Gründung Neukarthagos (Cartagena).
um 226 v. Chr.	Hasdrubal-Vereinbarung. Verpflichtung, den Segura nicht in kriegerischer Absicht zu überschreiten.
221 v. Chr.	Tod des Hasdrubal. Hannibal wird sein Nachfolger. Die Wahl des Heeres wird in Karthago bestätigt.
219 v. Chr.	Saguntkonflikt führt zur römischen Kriegserklärung und zum Ausbruch des 2. römisch-karthagischen Krieges.
218 v. Chr.	Im Frühjahr marschiert Hannibal von Neukarthago aus in Richtung Pyrenäen. Im August überschreitet er die Rhône und im Spätherbst die Alpen. Hannibal besiegt Ende November P. Cornelius Scipio am Ticinus. Ende Dezember schlägt er die Römer erneut an der Trebia.
217 v. Chr.	Im Juni besiegt Hannibal C. Flaminius am Trasimenischen See. Q. Fabius Maximus wird zum Dictator ernannt und mit der Kriegführung gegen Hannibal beauftragt. Cn. und P. Cornelius Scipio erringen Erfolge gegen die Karthager in Hispanien.
216 v. Chr.	Im August schlägt Hannibal die Römer vernichtend bei Cannae. Eine Reihe italischer Städte wechseln auf die Seite Hannibals, unter ihnen Capua.
215 v. Chr.	Vertrag zwischen Hannibal und Philipp V. von Makedonien. Unruhen in Syrakus nach dem Tod des Königs Hieron. Die Stadt ergreift Partei für Hannibal.
213/2 v. Chr.	C. Marcellus belagert Syrakus. Die Stadt wird mit Hilfe des Archimedes verteidigt, bis sie schließlich doch an die Römer fällt. Hannibal bemächtigt sich der Stadt Tarent. Die Burg bleibt in römischer Hand.
211 v. Chr.	Um den römischen Belagerungsring um Capua zu sprengen, greift Hannibal Rom an. Beide Aktionen bleiben erfolglos. Capua wird wieder römisch. Untergang der

	römischen Armeen in Hispanien. Beide Scipionenbrüder finden dabei den Tod.
210 v. Chr.	Der Sohn des im Vorjahr gefallenen gleichnamigen römischen Feldherrn P. Cornelius Scipio wird mit der Kriegführung in Hispanien beauftragt. Er erobert Neukarthago (Cartagena).
209/8 v. Chr.	Sieg Scipios bei Baecula in Hispanien. Tarent wird von Q. Fabius Maximus eingenommen. Hasdrubal begibt sich mit einem Heer nach Italien.
207 v. Chr.	Hannibals Bruder Hasdrubal wird am Metaurus geschlagen.
206 v. Chr.	Nach dem Sieg Scipios bei Ilipa ist Hispanien für die Karthager verloren.
204/3 v. Chr.	Scipio trägt den Krieg nach Nordafrika. Römischer Sieg über Hasdrubal, Giskos Sohn, und Syphax an den Großen Ebenen. Hannibal muß aus Italien abziehen und landet in Nordafrika bei Hadrumetum.
202 v. Chr.	Entscheidungsschlacht zwischen Scipio und Hannibal in Naraggara (Schlacht bei Zama). Zum ersten Mal wird Hannibal besiegt.
201 v. Chr.	Friedensschluß zwischen Rom und Karthago. Die Karthager verlieren alle überseeischen Besitzungen, müssen ihre Flotte abliefern und eine hohe Kriegsentschädigung bezahlen. Rom kontrolliert nun die karthagische Außenpolitik. Hannibal wird seines militärischen Kommandos enthoben.
196 v. Chr.	Hannibal wird zum Suffeten von Karthago gewählt. Er setzt eine Reform des Steuerwesens durch.
195 v. Chr.	Hannibal entzieht sich der drohenden Auslieferung an Rom durch die Flucht aus Karthago. Über Tyros gelangt er nach Ephesos, wo er vom Seleukidenkönig Antiochos III. freundlich aufgenommen wird.
193/189 v. Chr.	Hannibal unterstützt die Kriegsbemühungen des Antiochos gegen Rom. Er versucht von Nordafrika aus Italien anzugreifen. Seine Planungen gelangen jedoch nicht zur Ausführung.
189/7 v. Chr.	Aufenthalt in Gortyn (Kreta). Fortsetzung seiner Flucht an den Hof des armenischen Königs Artaxias. Er muß jedoch erneut vor den Römern fliehen.
186 v. Chr.	Hannibal findet einen letzten Zufluchtsort am Hofe des bithynischen Königs Prusias. Er beteiligt sich an den Kämpfen gegen Pergamon.
183 v. Chr.	Angesichts der Nachstellungen des nach Bithynien gereisten römischen Gesandten Flamininus begeht Hannibal Selbstmord.

Literaturhinweise

Die hier ausgewählten Titel stellen eine für die internationale Hannibal-
forschung repräsentative Auswahl aus der unübersehbaren Fülle der
Hanniballiteratur dar. Als sachkundige Einführung darf auf die von Karl
Christ herausgegebene Aufsatzsammlung hingewiesen werden, deren Bei-
träge maßgebliche Aspekte der Hannibalbiographie thematisieren. Zur
Vertiefung kann auf die Arbeiten von Jakob Seibert und Serge Lancel zu-
rückgegriffen werden, die neben einem Darstellungsteil eine erschöpfende
Quellendokumentation enthalten.

E. Acquaro, Su i „rittrati Barcidi" delle monete puniche, Rivista storica
dell'Antichità 13/14 (1983/84) 83–86.

A.E. Astin, Saguntum and the Origins of the Second Punic War, Latomus
26 (1967) 577–596.

P. Barceló, Beobachtungen zur Entstehung der barkidischen Herrschaft in
Hispanien, Orientalia Lovaniensia Analecta 33, Studia Phoenicia 10
(1989) 167–185.

P. Barceló, Rom und Hispanien vor Ausbruch des 2. Punischen Krieges,
Hermes 124 (1996) 45–58.

P. Barceló, Hannibals Geheimdienst, in: W. Krieger (Hrsg.). Geheimdienste
in der Weltgeschichte, München 2003, 30–44.

J.M. Blázquez, Los Bárcidas en España, Historia 16, Madrid 1977.

J.P. Brisson, Carthage ou Rome, Paris 1973.

G. Brizzi, Annibale, Strategia e immagine, Peruggia 1984.

K. Christ, Hannibal und Scipio Africanus, Die Großen der Weltgeschichte, Zürich 1971.

K. Christ (Hrsg.), Hannibal, Wege der Forschung 371, Darmstadt 1974.

R. Corzo Sánchez, La segunda guerra púnica en la Bética, Habis 6 (1975),
213–240.

A. Erskine, Hannibal and the freedom of the Italians, Hermes 121 (1993)
58-62.

K. Geus, Prosopographie der literarisch bezeugten Karthager, Orientalia
Lovaniensia, Analecta 59, Studia Phoenicia 13, Leuven 1994.

C. González Wagner, Fenicios y cartagineses en la Península Ibérica: En-
sayo de interpretación fundamentado en un análisis de los factores in-
ternos, Madrid 1983.

L.M. Günther, Hannibal im Exil: Seine antirömische Agitation und die
römische Gegenwahrnehmung, Orientalia Lovaniensia Analecta 33,
Studia Phoenicia 10 (1989) 241–250.

W. Hoffmann, Hannibal, Göttingen 1962.

W. Huss, Geschichte der Karthager (HdAW), München 1985.

W. Huss, Hannibal und die Religion, Studia Phoenicia 4 (1986) 223–238.

J. Kromayer, Antike Schlachtfelder, III 1, Berlin 1912.

D.-A. Kukofka, Süditalien im Zweiten Punischen Krieg, Frankfurt-Bern-New York-Paris 1990.

S. Lancel, Carthage, Paris 1992.

S. Lancel, Hannibal, Paris 1995.

J.F. Lazenby, Hannibal's War. A Military History of the Second Punic War, Warminster 1978.

P. Marchetti, Histoire économique et monétaire de la deuxième guerre punique, Brüssel 1978.

C. Nicolet, L'inventaire du monde. Géographie et politique aux origines de l'Empire romain, Paris 1988.

H.G. Niemeyer, Das frühe Karthago und die phönizische Expansion im Mittelmeerraum, Göttingen 1989.

C. G. Picard, Hannibal, Paris 1967.

B. Scardigli, I Trattati Romano-Cartaginesi, Pisa 1991.

H.H. Scullard, Scipio Africanus: Soldier and Politician, London 1970.

K.-H. Schwarte, Der Ausbruch des zweiten punischen Krieges – Rechtsfrage und Überlieferung. Historia-Einzelschriften 43, Wiesbaden 1983.

T. Schmitt, Hannibals Siegeszug. Historiographische und historische Studien vor allem zu Polybios und Livius, München 1991.

J. Seibert, Hannibal, Darmstadt 1993.

J. Seibert, Forschungen zu Hannibal, Darmstadt 1993.

Studi Annibalici. Atti del convegno svoltosi a Cortona, Tuoro sul Trasimeno, Perugia, ottobre 1961, Cortona 1964.

G.V. Sumner, Rome, Spain and the Outbreak of the Second Punic War, Latomus 31 (1972) 469–480.

A.J. Toynbee, Hannibal's Legacy. The Hannibalic War's Effects on Roman Life, 2 Bde. New York-Toronto 1965.

L. Villaronga, Las monedas hispano-cartaginesas, Barcelona 1973.

B.H. Warmington, Carthage, New York 1950.

W. Will, Mirabilior adversis quam secundis rebus. Zum Bild Hannibals in der 3. Dekade des Livius, Würzburger Jahrbücher für die Altertumswissenschaft, Neue Folge 9 (1983) 157–171.

Quellen

Die in diesem Band wiedergegebenen antiken Texte beruhen auf folgenden deutschen Übersetzungen:

Plutarch, Lebensbeschreibungen, übers. v. F. Kaltwasser, bearb. v. F. Floerke, München (Goldmann) 1964.

Polybios, Geschichte, hrsg. v. H. Drexler, Zürich und Stuttgart (Artemis) 1961.

Titus Livius, Römische Geschichte, hrsg. v. J. Feix, München (Heimeran) 1974.

Register

Aus dem Verlagsprogramm

Die Antike bei C. H. Beck – Eine Auswahl

Hartwin Brandt
Wird auch silbern mein Haar

Eine Geschichte des Alters in der Antike
2002. 302 Seiten mit 89 Abbildungen. Leinen

Klaus Bringmann
Geschichte der römischen Republik

Von den Anfängen bis Augustus
2002. 463 Seiten mit 38 Abbildungen und Karten. Leinen
(Beck's Historische Bibliothek)

Kai Brodersen (Hrsg.)
Große Gestalten der griechischen Antike

58 historische Portraits von Homer bis Kleopatra
1999. 507 Seiten mit 1 Karte und
1 Zeittafel. Leinen

Leonhard Burckhardt
Jürgen von Ungern-Sternberg (Hrsg.)
Große Prozesse im antiken Athen

2000. 301 Seiten mit 9 Abbildungen
im Text. Leinen

Hans-Joachim Gehrke
Kleine Geschichte der Antike

1999. 243 Seiten mit 124 Abbildungen,
davon 61 in Farbe sowie 3 Plänen
und 2 farbigen Karten als Vor- und Nachsatz.
Gebunden

Volkert Haas
Babylonischer Liebesgarten

Erotik und Sexualität im Alten Orient
1999. 208 Seiten mit 10 Abbildungen
und 1 Karte. Gebunden

Die Antike bei C. H. Beck – Eine Auswahl

Bernhard Maier
Die Kelten

Ihre Geschichte von den Anfängen bis zur Gegenwart
2., überarbeitete Auflage. 2003.
320 Seiten mit 13 Abbildungen und 6 Karten. Leinen
(Beck's Historische Bibliothek)

Bernhard Maier
Die Religion der Kelten

Götter – Mythen – Weltbild
2001. 252 Seiten mit 10 Abbildungen und 3 Karten. Leinen

René van Royen/Sunnyva van der Vegt
Asterix auf großer Fahrt

Aus dem Niederländischen von Annette Löffelholz
unter Mitarbeit von Nicole Albrecht
Mit deutschen Bildtexten von Gudrun Penndorf
2001. 176 Seiten mit 192 Abbildungen. Broschiert

René van Royen/Sunnyva van der Vegt
Asterix – Die ganze Wahrheit

Aus dem Niederländischen von Nicole Albrecht
Übersetzung französischer Bildtexte ins Deutsche von Gudrun Penndorf
85. Tausend. 1998. 191 Seiten mit 160 Abbildungen. Broschiert

Hildegard Temporini-Gräfin Vitzthum (Hrsg.)
Die Kaiserinnen Roms

Von Livia bis Theodora
2002. 543 Seiten mit 58 Abbildungen. Leinen

Leonhard Schumacher
Sklaverei in der Antike

Alltag und Schicksal der Unfreien
2001. 368 Seiten mit 146 Abbildungen. Leinen
(Beck's Archäologische Bibliothek)

C.H.BECK ■ WISSEN

in der Beck'schen Reihe

Zuletzt erschienen: